JN083872

発酵来福レシピ

90のおいしい料理と暮らしの知恵

おのみさ［著］
（麹料理研究家）

山と溪谷社

はじめに

私は東京で生まれ、親の仕事の都合により熊本と福岡で育ち、大阪の高校を卒業後に京都で一人暮らしをしながら短大を卒業して、二十四歳のときに仕事で上京しました。職場が恵比寿だったこともあり、会社を辞めてフリーランスになっても、ずっと東京23区内の西側の洒落た町で、デザインやイラストの仕事をして暮らしていました。

麹や発酵に興味をもったことがきっかけになって、四十歳を過ぎた頃に、夢だった著書『からだに「いいこと」たくさん 麹のレシピ』（池田書店）を発行。思いがけず本が売れて「塩麹ブーム」となり、いろいろな媒体から麹や発酵に関連する仕事をいただいたり、翌年にもまた本を発行したりするなど、この数年は目が回るような忙しさでした。もちろん収入も増えましたが、あまりの忙しさに何の税金対策も出来なかったうえ、それまで細々とやっていた仕事もなくなり、ブームの衰退とともに、気付いたら私の貯金は底をつきかけてしまっていました。

「このままではまずい」と思い、とにかく固定支出（おもに家賃）を減らすための引っ越しを考えていたところ、東京の東側在住で下町を愛する男性との出会いがありました。そのときはじめて、下町ののんびりした雰囲気や河原の風景、酒場の味わいなどの魅力を知り、私はその魅力にすっかりハマり、ついでに彼にもハマって家族となり、比較的家賃が安いいまの町で暮ら

し始めて、はや五年の月日が経とうとしています。偶然にも、私が生まれる前に他界した祖母は、この町の出身であり、不思議な縁を感じています。

本書のタイトルに「発酵来福」という言葉があります。

これは、発酵食品を食べれば、すべての願い事が叶ってお金持ちになる、という話ではありません。では、発酵によりなぜ福がやって来るのでしょうか。私たちは、ただ菌にとって良い環境を準備してあげるだけで、あとは寝て待っていれば、食材がおいしく変化したり、お料理の風味が格段とアップしたり、生活に役立ったり……と、うれしいことが起こることを意味します。

例えば、キャベツと塩を混ぜておくだけで、乳酸菌が増えて酸味が出てザワークラウトが完成する。それを、おいしく食べると乳酸菌が腸内環境を整えてくれる。それにより、肌がきれいになり、気持ちも明るくなる。

ほら、ね？　一〇〇円のキャベツと塩を混ぜて発酵させるだけで、このような福の連鎖が起こるのです。さらに、発酵料理を友人たちに振る舞ったり、レシピを教えてあげたりすることで、友人たちも喜び、みんなの健康につながっていくかもしれません。日々健康であり、気持ちの良い友人たちと楽しく過ごせるなんて、とても幸せですよね。

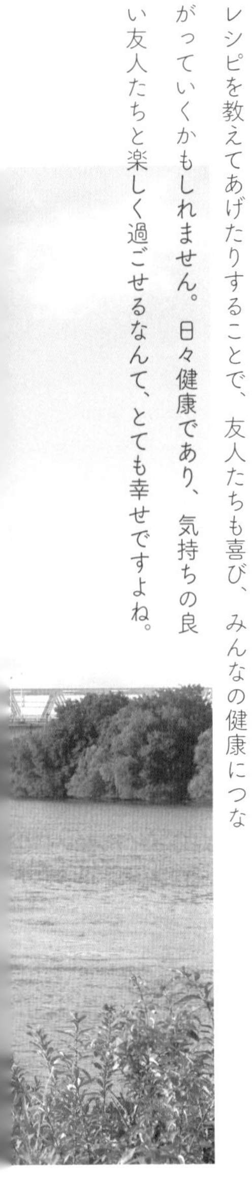

案内役のご紹介

ツボ

発酵好きで漬けフェチ。みそづくりをきっかけに、麹のおいしさとおもしろさにハマり、以来、麹だけでは飽き足らず、乳酸菌、酵母菌、納豆菌、酢酸菌などにも興味をもち、日々あれこれ発酵させて楽しんでいる、自称「錬菌術師」。趣味はウクレレと晩酌。

カッパ

ツボのパートナー。飲酒・旅行・読書が趣味で、日々、自分が食べたいもの（麺類・大衆酒場料理）を食べて生きている、のんきで幸せなカッパ。きゅうりの漬物が好き。

最近は、やっと固定支出も減り、いまのところ仕事もギリギリ安定していて、発酵による小さな〝福〟を感じながら、東京の片隅でのんびり楽しく暮らしています。本書では、私が暮らしのなかで実践している発酵食品をつくるコツや、それを使った簡単なレシピ、春夏秋冬それぞれの保存食や暮らしに役立つ知恵など、「これをつくると、きっと心と身体に福が来るに違いない！」と思っているものを集めてみました。案内役をツボとカッパに託しましたので、どうぞのんびりとお楽しみくださいませ。

おのみさ

目次

第3章　休日のごはんとはじめてのお酢づくり

第4章 発酵調味料を使ったおつまみとりんごで冬支度

発酵調味料を使ったおいしい小料理とおつまみ　ツボ食堂 …………106

ツボにハマるコラム

本書でつくれる発酵レシピ一覧

この本でつくることの出来る発酵レシピをまとめました。
このほかにも、発酵調味料を使った料理や
暮らしのアイデアをたくさん掲載しています。
ぜひ、やれそうなところから挑戦して、
発酵の楽しさ、おいしさを体験してみてください!

米のとぎ汁乳酸菌
→ P20

発酵シロップ
→ P18

ザワークラウト
→ P16

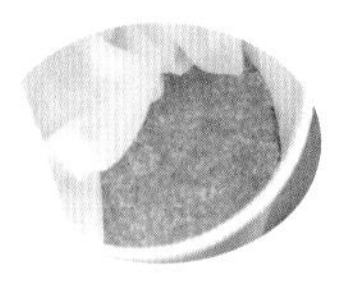

本格麹みそ
→ P52

豆乳ヨーグルト
豆乳クリーム・豆乳マヨネーズ・サワークリーム
→ P24

ホエー漬け
→ P56

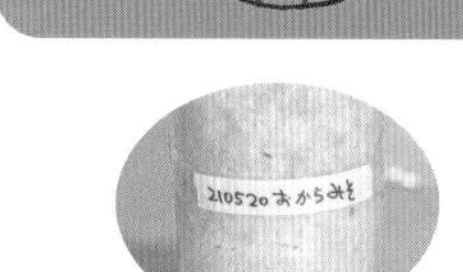

おからみそ
→ P54

簡単みそ
→ P54

簡単漬物
→ P60

納豆
→ P59

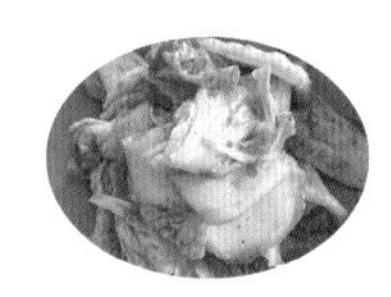

あっさり白菜キムチ
→ P58

梅の発酵シロップ
→ P64
梅種酢→ P64

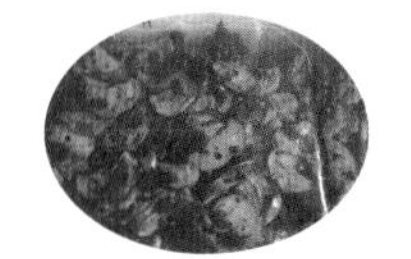

しば漬け
→ P68

ゆかりしそ
→ P68

梅干し
→ P66

酢→ P88
どぶろく酢→ P90
ワインビネガー→ P92
バルサミコ風酢→ P92

柿酢
→ P86

塩麹
→ P101

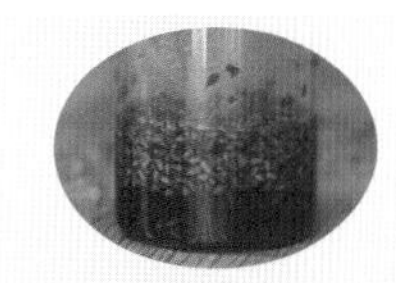

醤油麹
→ P100

麹スイートチリソース風
→ P102
麹豆板醤→ P102
酒塩麹→ P103

りんごソーダ
→ P118

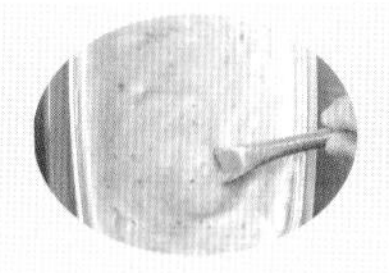

ハトムギ甘酒
→ P104

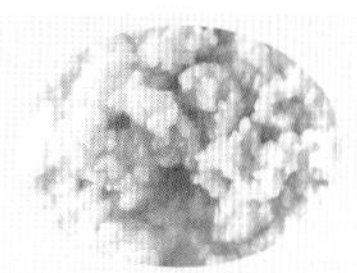

甘酒
→ P104

りんご水
→ P125

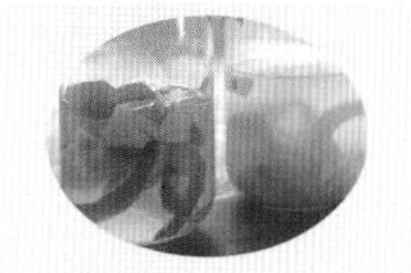

りんご酢
→ P120

本書の見方と使い方

［基本事項］

*レシピの分量は2人分を基本としていますが、つくり置いておくものや人数を分量の基準とするのが難しい料理は「つくりやすい分量」を基本としています。

*大さじ1=15mℓ、小さじ1=5mℓ、1合=180mℓ、1カップ=200mℓです。

*電子レンジは600Wの場合の目安です。電子レンジ、オーブントースターは機種によって加熱時間が異なるので、取扱説明書の指示に従い、様子をみながら調整してください。

*フライパンは原則としてコーティング加工を施したものを使用しています。

*塩は特に明記していない場合は、天然の塩を使っています。

*麹は特に明記していない場合は、米麹を使っています。

*本書で紹介しているレシピの材料表にある塩麹、醤油麹、甘酒、酢類などは、それぞれ手づくりの方法を掲載していますが、ふだん使っているものでもかまいません。塩分濃度やアルコール度数、風味などが異なるので、味見をしながら調整してください。

［注意点］

*本書で紹介する発酵レシピのなかには、発酵の過程でガスをたくさん発生させるものがあります。発酵シロップや米のとぎ汁乳酸菌、甘酒などの液体は、原則として炭酸用ペットボトルやプラスチック容器に入れてふたをゆるく締め、入れる分量も容器の7分目以下にとどめましょう。

*発酵食は、保存状態や扱い方によっては味や匂いに異常を感じたり、雑菌が繁殖したりする場合があります。また、まれに発酵食が身体に合わない場合もあります。不調を感じたときは摂取をやめ、医師に相談してください。

*本書で紹介するレシピのなかにはアルコールを含んでいるものもあります。医師よりアルコールの摂取を止められている場合は避けてください。また、加熱すればアルコール分は蒸発しますが、アルコールに弱い方やお子さんが食べる際にはご注意ください。

*本書で紹介するレシピのなかには化粧水や虫除けなど肌に付けるものもあります。その場合は、使う前に二の腕の内側に少量を塗って数時間置き、かゆみや湿疹が出ないかパッチテストを行ってください。不調が現れる、または感じた場合は使用をやめ、医師に相談してください。

*本書では具体的な賞味期限・消費期限を表記していません。見た目、臭いなどに異常を感じたら食べるのをやめましょう。

1

手軽にはじめる発酵生活と春の野草摘み

ホットサンドの好きな具材ベスト3

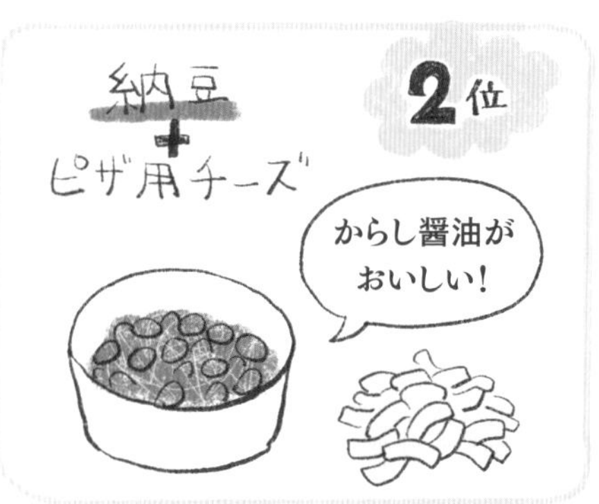

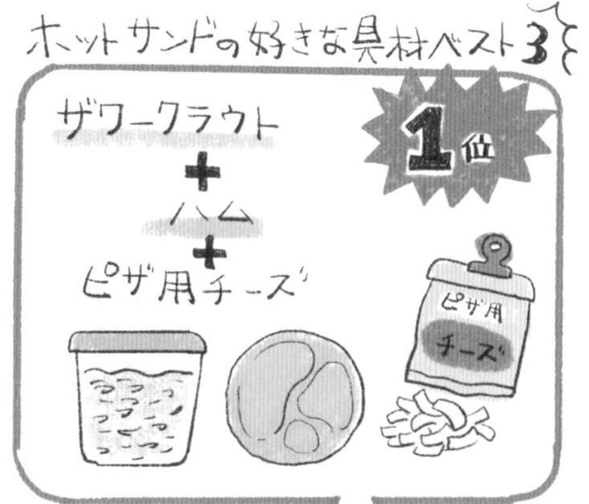

ツボはテーブルで怪しげな「美人になるドリンク」とかいうものを仕込んでいます

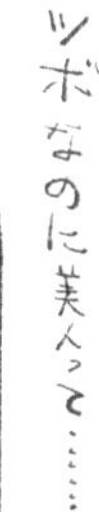

ボクにはよくわからないけどなんだかシュワっとしていておいしくて

おいしいパンがあるときは豆乳クリームをたっぷりのせて

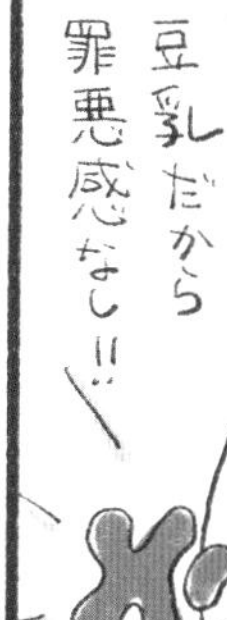

朝から二人で発酵しまくってます

ザワークラウト

キャベツについている乳酸菌の力で
発酵&酸味を出す一番シンプルな発酵食!

【材料(つくりやすい分量)**】**

キャベツ…1/4 個（300g）

塩…小さじ 1（6g）

※キャベツの重量の 2%の塩

【つくり方】

①キャベツは固い芯を取り除き、2 ～ 5㎜太さに千切りにし、ボウルに入れる。

②塩をふり、手でキャベツの水分を出すような気持ちでぎゅうぎゅう押しながら混ぜる。

③キャベツがしっとりとしてきたら、清潔な保存瓶やジッパー付き保存袋に入れて、常温に置く。ジッパー付き保存袋に入れる場合は、空気が入らないように。キャベツの色が黄色っぽくなり、気泡が見えてきたら味見をし、好みの酸味になったら（1 週間くらいが目安）、冷蔵庫に入れる。

※暖かい方が発酵が早く、寒いと発酵が遅い。表面をラップで覆うなど、なるべく空気に触れないように保存すれば、冷蔵庫で 1 ヶ月は保存可能です。

保存瓶でつくってもOK！ 私はWECKの1ℓの瓶を愛用しています。ふたはゆるくするか置いておくだけでも。

口いっぱいまで入れると溢れることがあるので（特に暑い時は注意！）7分目までにとどめて。

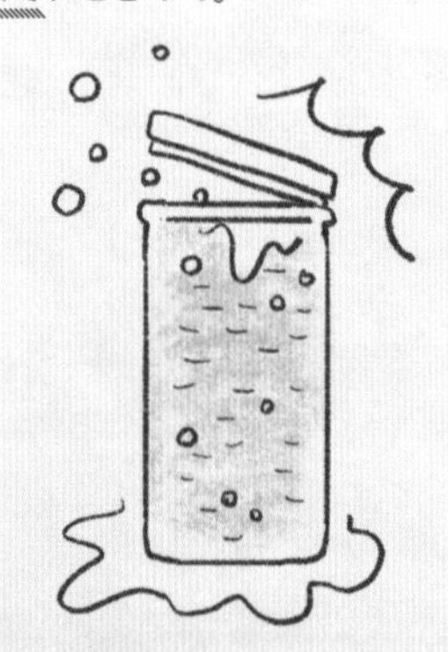

保存瓶でつくる場合はめん棒などでぎゅうぎゅうに押して空気を抜く！

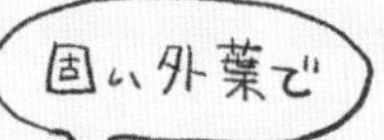

空気に触れないように
キャベツの外葉でふた
をするといいですよ!

ふたがなければ表面を
ラップで覆って、皿などを
重石代わりにして空気を
遮断!

皿
ラップ
みっちり
キャベツ

ぷくぷくを
眺めてるの
たのしい〜♪

ぷく

ぷく

ぷく

千切りにんじんで
つくっても
おいしいよ!

ザワークラウトをホットサンドの具として使うのが我が家の定番ですが、ソーセージはもちろん、唐揚げや肉料理などの脂っぽい食事の付け合わせにすると口の中がさっぱりします!

発酵シロップ

糖度の低いイマイチな果物もおいしく変身。
砂糖と果物のうれしい発酵マジック!

【材料（つくりやすい分量）**】**

果物…適量

砂糖…材料の 1.1 倍の分量

【つくり方】

①果物はよく洗い、種や芯を取り除いて、適当な大きさに切る。

②清潔な保存瓶に砂糖→果物→砂糖の順に、スプーンなどで押し入れ、最後は砂糖で終わるようにする。布などでふたをし、輪ゴムでとめて常温で保存する。

③ときどきスプーンなどで混ぜる。気泡が出てきて、砂糖の粒が溶けてなくなれば完成。ザルなどで濾し、炭酸用のペットボトルに 7 分目くらいまで入れ、ふたをゆるく締め、冷暗所で保存する。

みかんの発酵シロップとかりんのはちみつ漬け

青みかん、砂糖、黒糖の発酵シロップ

いちごの発酵シロップといちご酒

[注意]天然の酵母菌により、アルコールが発生する場合があるので、車を運転する方やお酒の弱い方、お子様が飲まれる場合はご注意ください。

この発酵シロップの漬けカスに水を加えミキサーにかけたものを炭酸用のペットボトルに7分目まで入れ、ほんの少しドライイーストを加えて常温に置いておくと、食物繊維たっぷりの微炭酸のドリンクになります。ペットボトルのふたはゆるく締めておいてください。

糖度が高く、不純物がほとんどない上白糖がおすすめですが、黒糖、きび砂糖、てんさい糖などを混ぜてもおいしい。

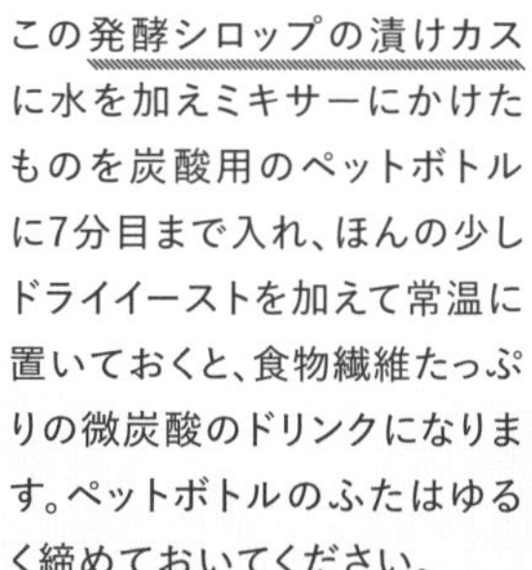

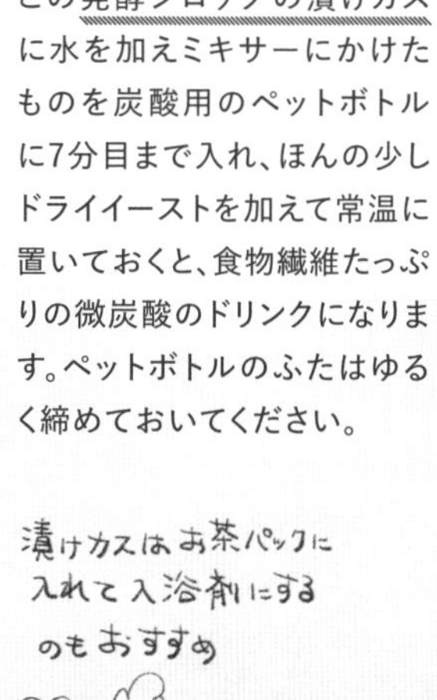

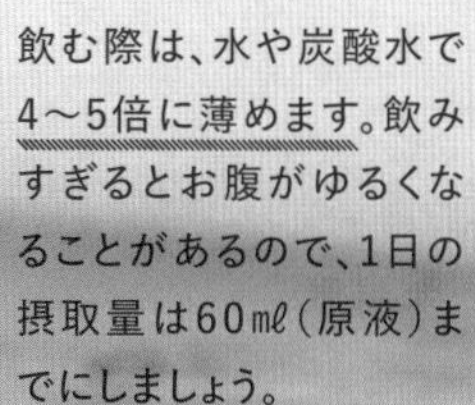

飲む際は、水や炭酸水で4〜5倍に薄めます。飲みすぎるとお腹がゆるくなることがあるので、1日の摂取量は60㎖（原液）までにしましょう。

赤じそとグレープフルーツの発酵シロップ。きれいな赤色になります。

米のとぎ汁乳酸菌

いままで捨てていた米のとぎ汁を発酵させて良い菌を暮らしに活用しましょう!

米の表面には目には見えない乳酸菌や酵母菌、光合成細菌などの微生物がたくさん付着しています。米のとぎ汁は、適度な塩分と糖分を与え、空気が入らない状態にすると発酵しはじめます。すると、中の乳酸菌や酵母菌などの良い菌たち(有用微生物)が上記のぬかの栄養分や糖分を食べ、低分子の糖類、アミノ酸、脂肪酸へと分解します。さらに、この発酵した液体には、乳酸をはじめとする、抗酸化物質やミネラル、酵素を蓄積するそうです。

ぎっちぎち　のびのーび

発酵し出来上がったとぎ汁は、いわば乳酸菌の原液です。使うときは、水で薄めて使用します。

【材料(つくりやすい分量)】

米のとぎ汁（減農薬米や無農薬米）…1ℓ

黒砂糖…30ｇ（約大さじ3）

塩…10ｇ（約小さじ2）

※とぎ汁の量に対し、黒砂糖は3%、塩は1%が目安。

【つくり方】

①3合くらいの米を1ℓの水でとぎ、濃い目のとぎ汁をつくる。

②炭酸用ペットボトルに黒砂糖、塩、①のとぎ汁を7分目くらいまで入れ、ゆるくふたをして軽く混ぜ、常温で保存する。1日1回は軽く振ってからふたを開け、新鮮な空気を入れる。

③夏なら4～5日、冬なら1週間くらい常温で保存し、ふたを開けたときに「プシュッ」という音とともに気泡が出て、酸っぱい香りがしてきたら完成。1日1回新鮮な空気を入れながら常温で保存する。

私は1ℓの炭酸用ペットボトルで「発酵したもの」と「発酵中のもの」の2本を常備しています。次につくるときは残った原液1に対して10の水、3%の黒砂糖、1%の分量の塩を混ぜてしばらく置いておくとまた発酵します。ときどき新しい米のとぎ汁を足してもOK!

日陰で発酵させると乳酸菌や酵母菌が増えて、日光に当てて発酵させると光合成細菌が増えるそうですが少し独特の香りがします。

米のとぎ汁乳酸菌の活用方法は次のページで紹介します。

米のとぎ汁乳酸菌の使い方

米のとぎ汁乳酸菌は消臭スプレーやお掃除などに大活躍!

idea 乳酸菌+精油でさわやかなルームスプレーに

スプレー容器に水で10倍に薄めた米のとぎ汁乳酸菌を入れ、部屋に噴射します。噴射された乳酸菌が部屋にすみ着き、乳酸をはじめとする物質をつくり出します。乳酸は乳酸菌が生み出す抗菌性物質のひとつ。この乳酸がPHを下げることで、多くの雑菌(カビ以外)が生きづらい環境をつくるといわれています。よって、スプレーすれば、匂いの原因となる雑菌がすみにくい環境に。生ごみの三角コーナーやトイレにスプレーするのもおすすめ。また、拭き掃除にも使えます。私はハッカとティートゥリーの精油を数滴加えて、香りも楽しんでいます。

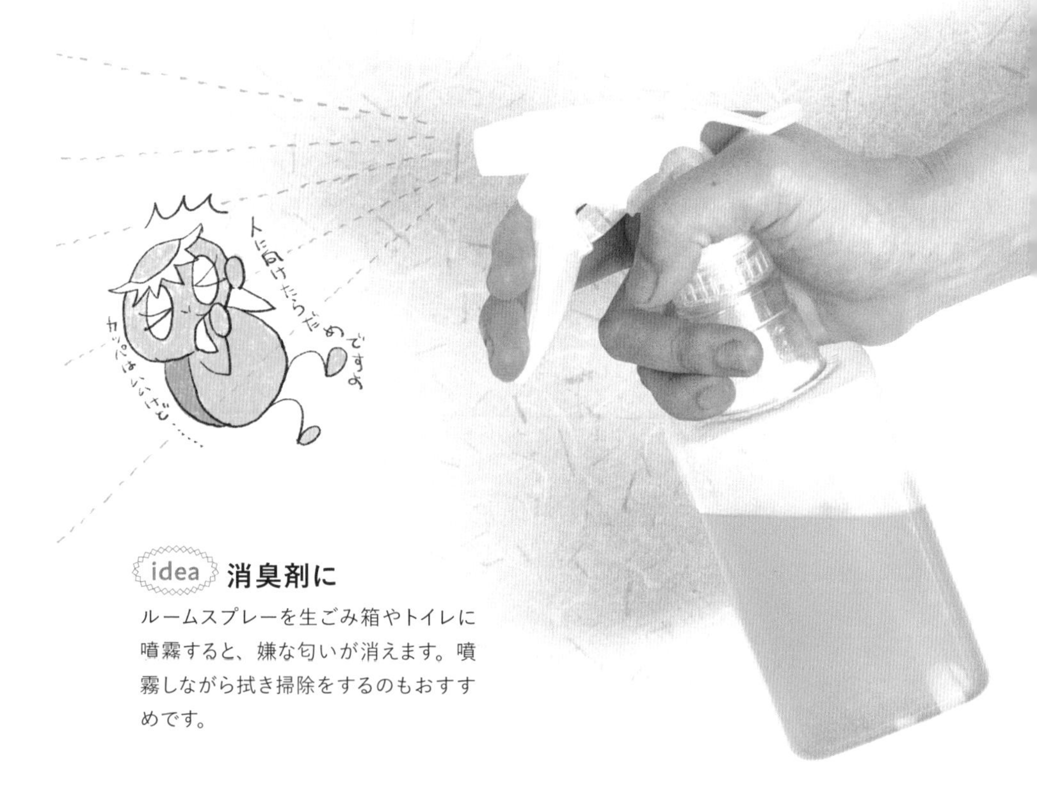

idea 消臭剤に

ルームスプレーを生ごみ箱やトイレに噴霧すると、嫌な匂いが消えます。噴霧しながら拭き掃除をするのもおすすめです。

[注意]水で薄めた米のとぎ汁乳酸菌は雑菌が増えやすいので、1〜2日で使い切りましょう。

idea 歯磨きに

原液をコップ 1/3 くらい入れて歯ブラシにつけて歯磨きし、最後は原液でうがいをします。口の中がさっぱりして気持ちが良いです。

idea 入浴剤に

入浴剤としても使っています。乳酸菌たっぷりのお湯に浸かると、保湿力が上がり、お肌もしっとりすると感じます。

idea 堆肥づくりに

コンポストや堆肥づくり（P70）に投入する生ごみに、原液を半分に薄めたものを少しかけます。乳酸菌や善玉菌などの力で生ごみが分解されやすくなります。また、我が家では 10 倍以上に薄めた液を栄養剤として植物にも与えています。

idea 食器洗いに

10 倍に薄めたものを桶に入れ、食器を浸しておきます。乳酸菌などの有用微生物が油分などを分解し、汚れが落ちやすくなります。また、私は泥付きの野菜などを洗うのにも使っています。このとぎ汁乳酸菌を洗剤代わりに使えば、環境にもやさしいです。

豆乳ヨーグルト

米のとぎ汁乳酸菌を使って
豆乳ヨーグルトをつくってみましょう

［注意］残った豆乳ヨーグルトに、さらに豆乳を加えれば、再びヨーグルトをつくれますが、雑菌が繁殖する恐れがあるので、2〜3回にとどめておきましょう。

【材料（つくりやすい分量）】

豆乳（成分無調整のもの）…500mℓ
米のとぎ汁乳酸菌（P20）…50mℓ

【つくり方】

①保存瓶などの清潔な容器に材料を入れて混ぜ、ふたをして常温で１晩〜１日置いて固まらせる。
②固まったら冷蔵庫で保存する。

発酵しすぎて写真のように
分離することがありますが、
問題ありません!

ヨーグルトに果物やジャムを混ぜて食べたり、りんごソーダ（P118）などを混ぜて飲んでいます。しば漬け（P68）とおから、豆乳ヨーグルトでつくるサラダもおいしい!

次のページで、
豆乳ヨーグルトを
使った
アレンジレシピを
紹介!

ヘナで白髪の部分染めをするとき、ヘナ10g（大さじ2）に対して豆乳ヨーグルト大さじ1＋水少量を混ぜてマヨネーズ状にします。豆乳のたんぱく質で染料がよく定着します。

おまけ〈福〉レシピ　ライタ風ヨーグルトサラダ

【材料（つくりやすい分量）】

きゅうり…1本

[A] 豆乳ヨーグルト…100g

塩麹（P101）…小さじ1弱

すりおろしニンニク（チューブ入りでもOK）、

塩、黒こしょう、クミンシード…適量

【つくり方】

きゅうりの皮を縞模様にむいて

一口大に切り、よく混ぜた[A]と和える。

カレーや揚げ物の
付け合わせに!

豆乳マヨネーズ

低カロリーで罪悪感なく
たっぷり使えるマヨネーズ

【材料（つくりやすい分量）】

豆乳ヨーグルト…300mℓ（300g）
※水切り後は150～170gくらい

Ⓐ 塩麹（P101）…大さじ1
オリーブオイル…大さじ1
粒マスタード…小さじ2

【つくり方】

①豆乳ヨーグルトをコーヒーフィルターやキッチンペーパーをのせたザルなどを使い、半日ほど冷蔵庫で水切りをする。

②Ⓐをよく混ぜて乳化させ、①と混ぜ合わせる。

豆乳クリーム

水切りするだけでやわらかい
クリームチーズのように!

【材料（つくりやすい分量）】

豆乳ヨーグルト…300mℓ（300g）
※水切り後は150～170gくらい

塩…少々

パンにたっぷり塗って
食べるとおいしい!

【つくり方】

①豆乳ヨーグルトをコーヒーフィルターやキッチンペーパーをのせたザルなどを使い、半日ほど冷蔵庫で水切りをする。

②塩少々を加えて、よく混ぜる。

※残ったホエー（水分）はP56のホエー漬けに使えます。

おまけ〈福〉解説

水切りの仕方

重石をして、固くなるくらいまで水気を切れば、さらにクリームチーズのような食感に！塩、こしょう、おろしにんにく、ドライハーブ、きざんだナッツなどを加えれば、ヘルシーなつまみになります。

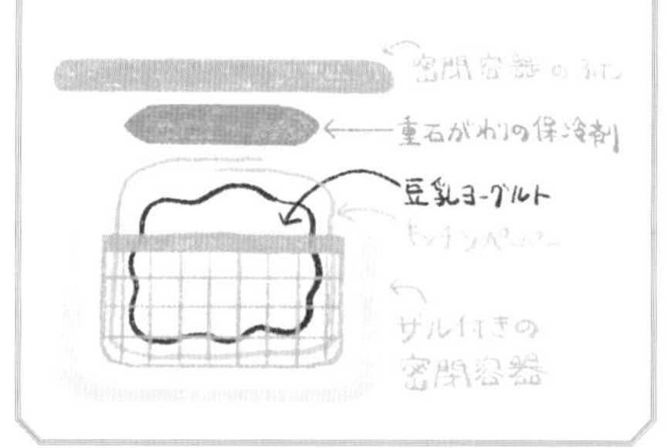

ヨーグルトメーカーがあれば
便利です。ない場合は
発泡スチロールの箱に、
使い捨てカイロかホット飲料用の
ペットボトルにお湯を入れて
保温します

果報と発酵食品は寝て待て

サワークリーム

さわやかな酸味とコクのサワークリームがおうちでつくれます!

【材料(つくりやすい分量)】

豆乳ヨーグルト…大さじ2(30g)

生クリーム(乳脂肪分40%以上)…200mℓ

【つくり方】

①生クリームをパックの口を開け、そのまま電子レンジに入れて加熱するか、清潔な鍋に生クリームを入れて40°Cに温め、豆乳ヨーグルトを加えて混ぜる。

② 40°Cの温度を保ちながら1晩(7～8時間)置く。

※豆乳クリームよりリッチで濃厚! ほぐしたたらこを混ぜてディップにしたら、ホームパーティーにも持っていける1品になります。

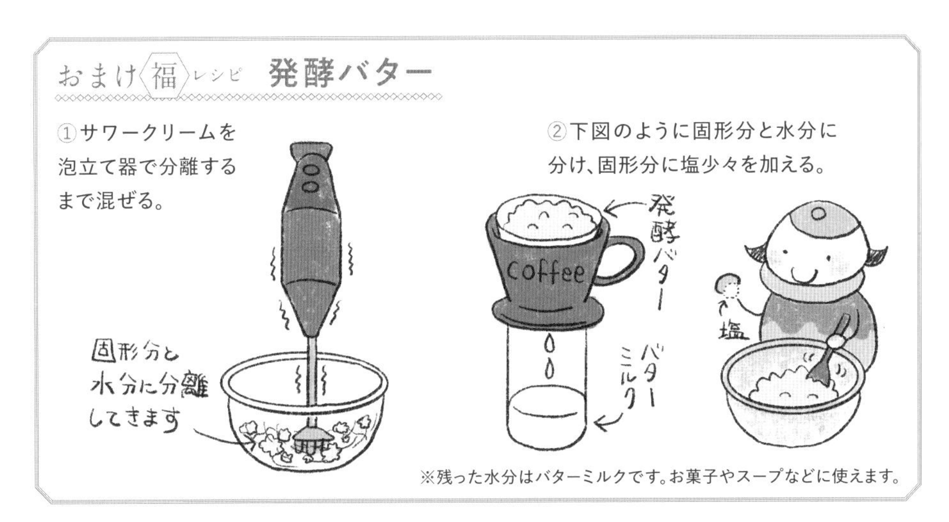

野草摘み編
のんびり川河散歩
気持ちいい〜
あっ つくしだ！
え？ どこ？
動けない
ほら そこにも
あ！ ここにも！
夢中になってつくしを収穫しまくり ツボは大興奮！
このつくしどうするんだろう？
やりましたな
明日もさがす‼
ふがー
てぬぐい
ラジオ体操の後にいつも摘みに行ってました
何を摘んでるんですかー？
レジ袋

おまけ 福 レシピ

つくしの食べ方

①キッチンバサミで、ハカマの下を切り、ハカマを取り除く。
②鍋に湯を沸かして塩か重曹を適量入れ、さっとゆでてアクを抜き、ザルにあけて水気を切る（この状態で冷凍も可能）。
③水で薄めた甘酒麺つゆ（P42）で、水気がなくなるまで煮る。またはごま油と醤油麹（P100）で和える。

野草を摘んだら

ごみや汚れ、虫などがついている場合があるので、持ち帰ったら水か温水できれいに洗いましょう。痛んだ葉などは捨て、きれいな部分だけを使いましょう。

ザルに置いたり、洗濯ハンガーなどに吊したりして、風通しが良い場所で陰干しします。なるべく短期間で乾燥させる方が薬効を損なわないので、少量ずつ干すのがおすすめです。

野草茶

野草を干して野草茶にしてみましょう!
きちんと乾燥させれば1年中楽しめます

【材料(つくりやすい分量)】

干した野草（ヨモギ、スギナなど）…適量

【つくり方】

①干した野草は、大きければハサミで適当な大きさに切る。

②鍋に入れ、弱火でゆっくりと炒る。

③冷めたら乾燥剤とともに清潔な瓶や缶で保存する。飲む際はポットや急須に入れ（目安は大さじ3の茶葉に対し湯600mℓくらい）、5分ほど蒸らして飲む。

[注意]野草茶は整腸作用や利尿作用などの効果が強いことがあるので、あまりたくさん飲みすぎないこと。野草茶を飲んだ際に、身体に異変を感じたら飲むのをやめ、医師の診断を受けてください。

乾燥させるだけでも良いが、
まれに害虫や虫の卵などがついている
場合があるので、炒って瓶や茶筒に
保存するのをおすすめします。

野草を摘むときの注意とポイント

犬や猫などの糞尿や排気ガスがかかっている場所、農薬が散布されてる田畑は避ける。私有地はもちろん、国立公園・国定公園に指定された場所での採取は禁止されています。

ニリンソウは食用になり、トリカブトは有毒。この両者はよく似ています。このように毒草もあるので、迷ったら摘むのをやめましょう。

春から夏にかけての、夜明けから午前 10 時頃までが、植物のパワーが高まり、摘むのに最適な時間といわれています。

「自然の恵みを分けていただいている」という気持ちをもって、一カ所からたくさん採ったりしないようにしましょう。

野草チンキ

野草やハーブを度数の高いお酒に漬けて自分好みのチンキをつくりましょう!

【材料 (つくりやすい分量)】

干した野草(ヨモギ、スギナ、ドクダミなど)…
広口瓶に 1/3 ～半分量

35 度のホワイトリカーまたはウォッカ…
上記の野草を入れた広口瓶の 8 ～ 9 分目

【つくり方】

① 野草を清潔な広口瓶に入れ、35 度のホワイトリカー、またはウォッカを注ぐ。冷暗所に置き、成分をよく抽出させるためにときどき振る。

② 1 ～ 2 ヶ月したらザルやコーヒーフィルターなどで濾す。遮光瓶に入れ、冷蔵庫で 1 年間保存可能。

※ドクダミは生葉の方が殺菌力が強いといわれているので、乾燥させずに漬けます。

チンキ(ティンクチャー)とは

薬草やハーブを 40 度前後のアルコールに漬け、水溶性、油溶性の両方の成分を抽出したもの。化粧水、入浴剤、虫除け、うがい薬にもなります。

idea 化粧水に

肌の状態に併せて精製水で 2 ～ 10 倍に薄める。保湿剤(グリセリンなど)を全体の 10%くらい加えても良い。少量ずつつくり、なるべく早く(2 週間くらい)に使い切ること。

idea 虫除けに

ドクダミチンキは虫除けスプレーとしても使えます。精製水で 2 ～ 3 倍に薄めてスプレーします。好みでハッカ油などで香りをつけても。

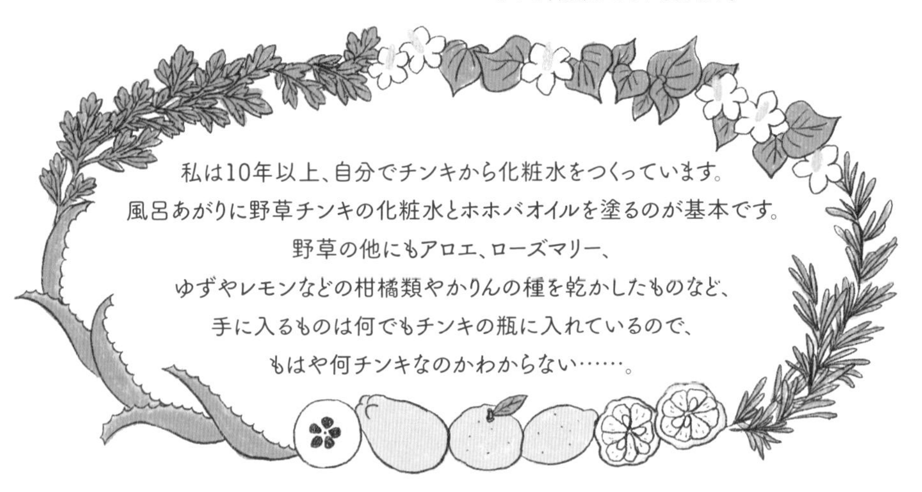

[注意]化粧水や虫除けとして使う場合は二の腕の内側に少量を塗って数時間おき、かゆみや湿疹が出ないかパッチテストを行ってください。アルコールにアレルギーのある方は使用を控えましょう。

idea リンスに

石けんをシャンプーとして使っている人は、リンス代わりの酢の中に野草を漬け込んで使うのもおすすめです。酢のツンとした香りも和らぎます。私はアロエやローズマリーなどを漬け込んだリン酢を使っています。

idea 美容液風に

アルコール度数が低いので抽出力は強くないですが、野草チンキは日本酒でもつくることが出来ます。その場合は冷蔵庫に保存して３ヶ月以内に使い切ること。かりんやゆずの種を入れるとトロトロになるので、私は美容液代わりに使っています。

オススメ野草Big 4

目立たないけど実はすごいパワーを秘めている、4種類の野草をご紹介します

ヨモギ

河原や公園など、雑草が生えているところで、ほぼ必ずといっていいほどみつけられるヨモギ。子どもの頃は春にたくさん摘んで、母にヨモギ餅をつくってもらっていました。ヨモギは古くから薬効が知られており、アイヌの人々は「カムイ・ノヤ（神の草）」と呼んで、病気の予防や治療に役立てていたそうです。また、その芳香は邪気を払う（魔除け）といわれています。

【お茶の効果】
腸の汚れの浄化槽ともいえる肝臓の働きを助けるので、体内の毒素や老廃物を身体から出してくれます。また、整腸作用もあるといわれています。風邪をひいたり、頭痛がするときにもヨモギ茶を飲むと良いそうです。

スギナ

春、つくしが終わった後にはかわいいスギナが生えてきます。ぐんぐんと大きくなり繁殖力があるため、増えて困るともいわれますが、その繁殖力が、歳を重ねて弱ってきた私たちの身体にエネルギーを与えてくれます。夏に摘むのが一番薬効が高いとされています。スギナが生えている場所を覚えておくと、翌年つくしが見つけやすくなります。

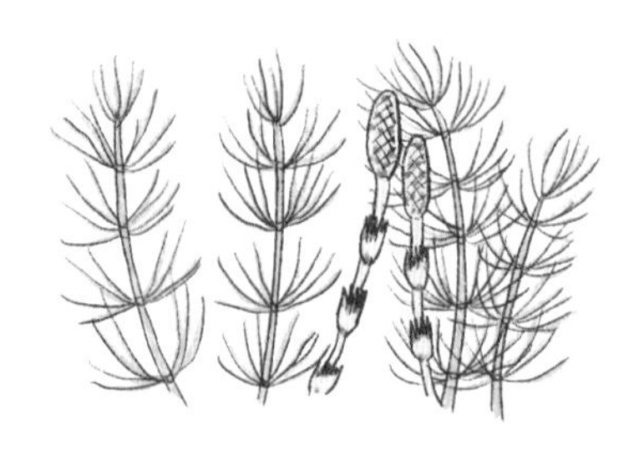

【お茶の効果】
ミネラルを豊富に含み、利尿作用があるので、むくみの解消にも。下痢や便秘、咳や痰にも効果的。リウマチ、神経痛、関節炎、肺結核をはじめ、慢性気管支炎、肺の治療などにも効果があるといわれています。

一体何がうれしいのかわからん……

ドクダミ

独特の香りと、庭を埋め尽くすほどの繁殖力で嫌われがちですが、「十薬（ジュウヤク）」という名の漢方薬でもあります。その名のとおり10種もの薬効を併せもつ、身近な民間薬として使われてきました。ドクダミの葉や茎にはクエルシトリン、白い花にはイソクエルシトリンというフラボノール誘導体が含まれていて、毛細血管を強くする作用があるとされます。

【お茶の効果】
利尿作用があるので、体内の老廃物を外に出してくれます。毛細血管を強くし、動脈硬化の予防にも。ビタミンCと一緒に摂ると、より効果的です。

ビワの葉

家にビワの木が１本あれば「医者いらず」といわれるくらい、ビワの実には強い抗酸化作用のあるβ-カロテンなどが多く含まれ、生活習慣病やがん予防に効果があるといわれる、とても栄養価が高い果物です。また緑の濃い葉はお茶にもなり、種を焼酎に漬ければ、杏仁豆腐の香りがするビワ種酒になります。まさに捨てるところなし！の植物です。

【お茶の効果】
抗菌作用がある精油成分や、ポリフェノール類を含みます。昔から薬草茶として利用され、夏バテに良いとされてきました。
※葉っぱの裏の産毛は、水で濡らしたクッキングペーパーなどでこすり取り、使用する。

ラジオ体操にハマる

◎体操仲間との交流、四季による景色の移り変わりも魅力

珍しく朝早くに目が覚め天気も良かったので、近所の神社でお参りをしてから河川敷を散歩しようと出かけると、ご高齢の人達が数十名神社に集まり、何やらラジオ体操のようなことをやっていました。香港や台湾を旅すると朝の公園に人が集まり、体操（おそらく太極拳）をやっているのをよく目にします。神社での光景も、その異国の朝を思わせる雰囲気で興味深く、翌日もまた早起きをして、今度はこっそり輪の中に混ざってみました。

この神社では「ラジオ体操第1・第2」や「みんなの体操」をメインに、区歌に合わせた体操、という三種類の体操を毎朝六時半からやっているそうです。万年運動不足だし、何より家から近くて、ちょうど良い！と、それから、ちょこちょこ参加するようになり早一年以上。雨の日と、前夜に飲み過ぎた日以外はほぼ毎日通っています。

春は桜や新緑を楽しみながら。夏の早朝は涼しく、秋は銀杏の黄色がとてもきれい。冬の朝は寒いし薄暗いけれど、体操途中で昇る朝日の美しさたるや！ ラジオ体操の魅力は、四季折々の風景を楽しめることにもあると感じています。一度、早起きに慣れてしまうと、「運動せねば！」と気合を入れなくとも、着替えてぼやーっとしたまま神社に行き音楽が鳴りだせば、身体が勝手に動き出すようになります。

ほぼ毎日顔を合わせるラジオ体操仲間と笑顔で挨拶を交わし、時折、ビワの実やかりん、あめちゃんをいただくなど、なかなか都会では味わえない交流が生まれるのも魅力です。偶然、近所の飲み屋でラジオ体操仲間とバッタリ会ったときには思わず笑ってしまいました。最近ではラジオ体操の後に川沿いを散歩しているのですが、そのときには「いってらっしゃい！」などと、仲間に声をかけてもらっています。

もし、朝に余裕があって、近所でラジオ体操をやっている場所があれば、参加してみるのも楽しいですよ。

ラジオ体操のうれしい効果

「国民全体の健康を願ってつくられた体操」なので、老若男女誰でも、どこでも、手軽に健康増進が出来る。

運動の基本的な動きがすべて組み込まれているので、全身運動がバランス良く効率的に出来る。

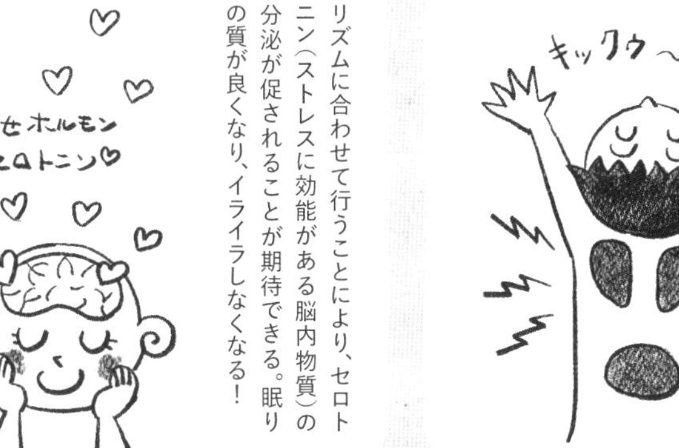

肩甲骨を動かし、体幹を鍛えるので、肩こり・腰痛が改善する！

リズムに合わせて行うことにより、セロトニン（ストレスに効能がある脳内物質）の分泌が促されることが期待できる。眠りの質が良くなり、イライラしなくなる！

時間あたりのカロリー消費量が多い！ 有酸素運動により、代謝が良くなり脂肪が燃える！

普段の生活では使われない部分を使うので、血液が全身に行き渡り、リンパの流れも活性化！ 身体の老廃物の排出を促し、美容と健康につながります。

ラジオ体操とは

1928年（昭和3年）、昭和天皇御即位の大礼の記念に、逓信省（のちの郵政省）簡易保険局により「国民保険体操」としてスタート。いまよりも平均寿命が短かった当時、国民全体の健康を願いつくられました。その後、戦争によりいったん中断しましたが、復活を望む国民の声に応え、1951年（昭和26年）に新たな体操が新ラジオ体操制定委員会により制作され、現在の形となったそうです。「簡単で誰にでも出来る」「どこでもすぐ出来る」「調子がよくて気持ちが良い」「健康増進につながる」というコンセプトのもとで、ひとつひとつの動きが練りに練ってつくられています。

2

昼ごはんは何食べよう。手づくりしたら便利な発酵食

麺食いの昼ごはん編
ボクは麺食いである
うどん
そば
天ぷら
外食はだいたい立ち食いそば
紅しょうが天、ゲソ天、ごぼ天、春菊天が好き♡

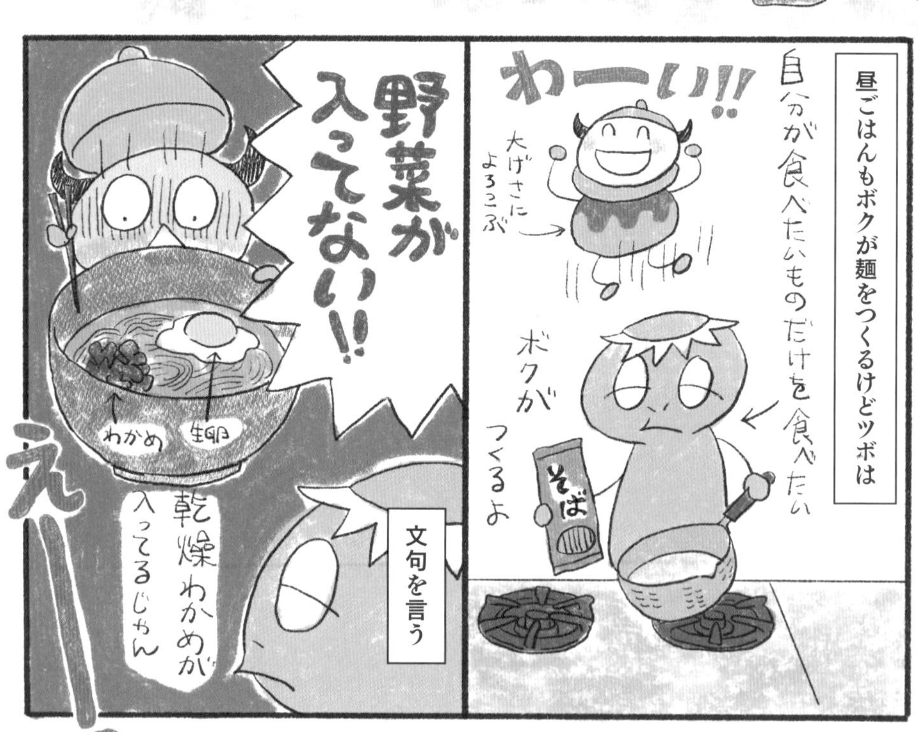
昼ごはんもボクが麺をつくるけどツボは
自分が食べたいものだけを食べたい
わーい!!
大げさによろこぶ
ボクがつくるよ
そば
野菜が入ってない!!
わかめ
卵
文句を言う
乾燥わかめが入ってるじゃん
えーっ

ツボは野菜をもっと食べたいらしくネギやゆで青菜などを常備し
ゆで卵ストック
おいしい麺のため!!
きざみネギストック
ゆで青菜ストック
そしてボクには
ニヤリ…
「ほめほめ作戦」で野菜を入れさせようとします
いつもカッパのごはんはすごーくおいしいけど野菜を入れたらもーっとおいしくなるよね♥
一緒だよ
よく使う作戦なのでぜんぜん効かない
さらには
麺つゆか……いつも使うし……
つゆ
麺つゆまで手づくりしてしまいました
だしは市販のだしパックの中身を使います
慣れれば簡単だしおいしいですよ♡

甘酒麺つゆ

**甘酒を加えた麺つゆを手づくりすれば
麺だけでなく、おでんや煮物にも使えて便利**

【材料(3倍濃縮)】

醤油…400mℓ

みりん…250mℓ

粉末だし(※1)…40g

甘酒(P104)(※2)…大さじ6

【つくり方】

①鍋に甘酒以外の材料を入れ、常温(真夏なら冷蔵庫)で1晩置く。

②ときどき混ぜながら弱火で20分加熱し、粗熱が取れたら(60°C以下)、甘酒を加えて冷ます。冷蔵庫で1ヶ月ほど保存可能。

※1　粉末だしは顆粒のものではなく、いりこ、かつお節、昆布などの粉末が不織布パックに入っている無塩のものがおすすめ。私は袋から出して粉末ごと使っています。その場合は、出来上がったつゆの底に粉末が沈殿するため、使う際にはよく振ってください。
※2　甘酒は市販のものでも。甘酒がなければ、みりんを300mℓに増やします。

甘酒麺つゆ de

ポン酢のつくり方

麺つゆ1:醤油1:柑橘類の果汁2を混ぜる。冬の水炊きに活躍するほか、新たまねぎのスライスにかけたり、ゆで卵を漬けてもおいしい。

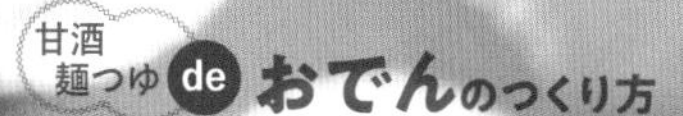

おでんのつくり方

①だいこんは、米のとぎ汁、または薄力粉を少量溶いた水で透き通るまで下ゆでする。
②下ゆでで残ったお湯で、こんにゃくをゆでてアク抜きし、さらに、練りものや厚揚げなどにかけて油抜きをする。
③土鍋に少量の水を入れ、5cm くらいの昆布を入れておく。
④すべての材料（ゆで卵、ソーセージなども）を土鍋に入れ、水を注ぎ、麺つゆを入れる（麺つゆ 1：水 10 くらい）。オイスターソースを少し足してもおいしい。
⑤中火にかけ、沸騰直前に火を弱め、弱火で味が染みるまで煮込む。

※おでんの汁は翌日のうどんの汁に！　または少し濃い目にしてご飯にかけてもおいしい。

卵焼きのつくり方

①ボウルに卵 3 個を割り入れ、麺つゆ小さじ 2 ～大さじ 1 を加えてよく混ぜる。
②卵焼き用のフライパンに油をひき、卵を 3 回に分けて入れ、巻きながら焼く。

つくり置きでパパッと麺

手づくり麺つゆがあれば、簡単に昼のアレンジ麺が出来る!

シンプルうどん

【材料(2人分)】

うどん麺…2 玉

甘酒麺つゆ(P42)…60 ～ 70mℓ

水…750mℓ

【つくり方】

①うどん麺を表示通りにゆでる。

②別鍋に水を入れて中火にかけ、加熱の必要な具材を入れて煮込み、麺つゆを加える。

③①の湯を切り器に入れ、②を注ぎ入れる。お好みの具材をトッピングする。

カレーつけそば

濃いめに希釈した麺つゆにカレー粉大さじ１を混ぜるだけ。あれば豚肉などを加えると贅沢なつけ麺に。

ぶっかけツナそうめん

器に麺つゆ適量と氷を数個入れておく。ゆでたそうめんを水でしめて器に盛り、ツナ缶（2人で1缶）を油ごと入れ、戻したわかめとネギをトッピング。お好みでおろししょうがや柚子こしょうなどを添えて。我が家では、酢（P88）や梅種酢（P64）をたっぷり加えて味変させるのが好み。

ぶっかけ麺には
氷の代わりに、凍らせた
おろしだいこんを投入
するのもおすすめです。

ぶっかけ納豆そば

器に麺つゆ適量と氷を数個入れておく。ゆでたそばを水でしめて器に盛り、からし醤油で味つけした納豆（1人1パック）、戻したわかめ、きざんだ油揚げ（カリカリに炒ってもおいしい!）をのせる。好みでおろしわさびを添えて。

パパッと麺のためのつくり置き

手早くおいしい麺料理をつくるための、小さな工夫を紹介！　麺以外にも活躍します

戻しきくらげ＆干し椎茸

きくらげのコリコリした食感は麺のアクセントにもなります。乾物のきくらげは干し椎茸とともに、密閉容器に水と一緒に入れて冷蔵庫へ。麺の具材だけでなく、きくらげの卵炒めなどもすぐにつくれます。戻し汁も捨てずに使います！

おまけ〈福〉レシピ　きくらげ卵

【材料（2人分）】

戻したきくらげ…30 ～ 40g
Ⓐ卵…2 個
　塩麹（P101）…小さじ 1/ 2
　オイスターソース…小さじ 1/ 2
ごま油…適量

【つくり方】

フライパンを中火にかけてごま油をひき、きくらげを炒め、よく混ぜたⒶを加えて炒め合わせる。

空気が乾燥している真冬や暑い真夏には、椎茸を 4 等分してカラカラに干して保存します。戻し汁は、うどんやそばなどの麺つゆや汁ものに加えると、いつもの料理が格段においしくなります。

冷凍根菜きのこミックス

余っただいこんやかぶ、にんじん、ごぼう、根菜の葉、しめじやえのきたけ、椎茸などのきのこ類。それらを食べやすく切って冷凍しておくと、麺の具だけではなく、みそ汁やちょっとした料理に使えて便利です。

冷凍庫の中でカチコチに固まってしまった冷凍根菜きのこミックスは、菜箸などを使い、袋に穴があかないようにほぐしていきます。

きのこ類は天気の良い日に半日干しするとカサが減って保存しやすくなり、旨味も増えるのでおすすめ。

のんびりゆで卵

①卵4個を冷蔵庫から出し、常温に戻しておく。
②卵の丸い方に画びょうや専用穴開け器（100均で購入可能）で穴を開けておく。鍋に水を入れて中火にかける。
③沸騰した湯に卵を入れ、火を弱め7分間ゆでてザルにあけ、そのまま冷ます。粗熱がとれたら冷蔵庫に保存し、食べる際に殻をむく。

池袋の角打ちのお兄さんに教えてもらいました。殻もむきやすく、半熟すぎず固すぎない食感も気に入っています。マヨネーズをつけてそのままおつまみにしたり、卵サンドや味卵も簡単につくれます。

ゆでる前に卵は必ず
常温に戻すこと。
そして、卵を冷ましている間にも
火が通るので、
冷水につけないことが大事。

ゆで青菜

小松菜、ほうれん草、ちんげん菜、ブロッコリー、オクラなど、緑色の野菜はとりあえず切って塩少々を入れた湯でゆでるか、2～3分蒸して水分をきり密閉容器に入れて冷蔵庫へ。お料理に彩りが加わり、野菜も摂れて一石二鳥!

おひたし、酢みそやマヨネーズ和え、
炒めもの、カレーや揚げものに
添えたりして、色々使えます。

“ええ感じ”のきざみネギ

①ネギの表面に斜めに切り込みを入れる（下まで切ってしまわない）。裏返して裏にも切り込みを入れる。緑色の葉の部分にはタテに切り込みを入れる。
②①をまとめて、端から1～2mm長さに切る。

テレビで料理家さんが紹介していたきざみ方です。冷や奴、納豆、厚揚げや油揚げ焼き、麻婆豆腐などにたっぷりと使います。

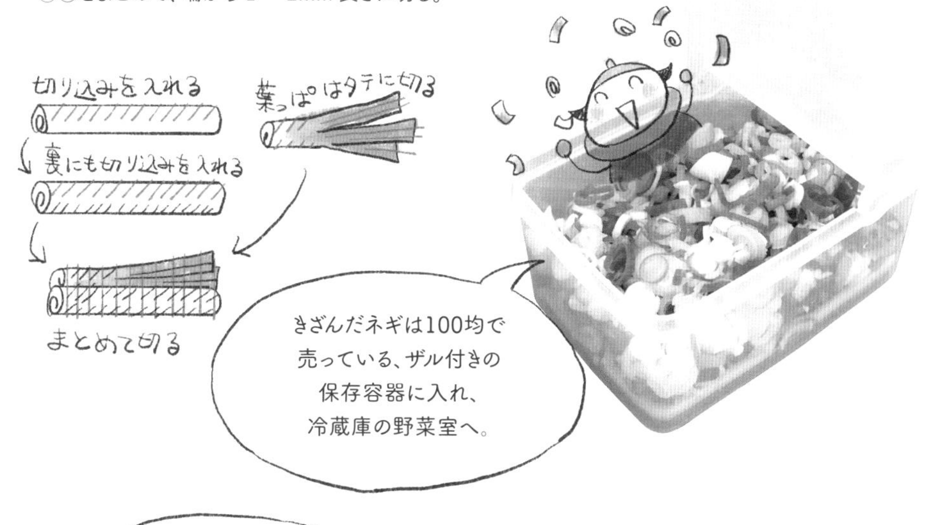

白黒ごまミックス

古くから薬効があるとされ、漢方薬にも使われているごま。必須脂肪酸であるリノール酸やオレイン酸などの不飽和脂肪酸を多く含み、疲労回復に効果のあるビタミンB1も摂取できるというありがたい食材です。そんなごまのもっている栄養や風味を余すことなく吸収したい！白ごまは油分が多め、黒ごまにはアントシアニンが含まれるそうで、風味も異なります。我が家では白ごま&黒ごまを専用のすり器にミックスして常備。使う直前にすりすりしています。もちろん、麺だけでなくごま和えや白和え、ナムルなどにも使えて便利です。

ご飯とみそ汁編
我が家は朝はパン、昼は麺類、夜は晩酌（ご飯無し）なのでツボは不満そうだ
ご飯好き
ご飯（米）が食べられない！

ときどきツボはボクが麺の昼食をつくる前に米を炊く
今日は米を炊くからね!! カッパが食べなくてもツボは米を食べるからね!!
とい'だ米
うるさい……
わかったから!!
ツボは玄米好きなので圧力鍋で炊いて
ふっくらもちもちになるよ
密閉容器に入れて冷凍保存
密閉容器大好き
みそも漬物もいろいろ仕込み……
発酵しまくり
手づくり漬物
手前みそ

た〜の〜し〜い〜♪
ツボは漬けフェチ
（ツボだけに……）

※山本朝子さんの「寝かせカレールゥ」を参考にしてアレンジしています

※「食べり」は福岡などの方言で「食べてね」の意味です

本格麹みそ

麹をたっぷり使った手づくりみそ。自分だけの「手前みそ」をつくってみませんか?

【材料（つくりやすい分量）】

大豆…500g

麹（生麹でも乾燥麹でも可）…1kg

塩…300g

35度のホワイトリカーまたは板酒粕…適量

【つくり方】

①大豆はよく洗い、たっぷりの水（1.5ℓくらい）に一晩漬けておく。

②①の水気を切り、大きめの鍋にたっぷりの水とともに入れて強火にかけ、煮立ったらアクを取って弱火にする。差し水をしながら大豆がやわらかくなるまで4～5時間煮る。圧力鍋ならアクを取った後にふたをし、圧がかかったら弱火にして30～40分煮る。

③ザルで湯を切り（煮汁は捨てない）、粗熱がとれたらジッパー付き保存袋などに入れ、めん棒などで叩いて大豆を潰す。フードプロセッサーなどを使ってもOK。

④大きめのボウルに麹と塩を入れてよく混ぜ、③の温度が60°C以下なのを確認してから加え、よく混ぜる。全体が混ざったら、煮汁を250mℓくらい入れてさらによく混ぜる。

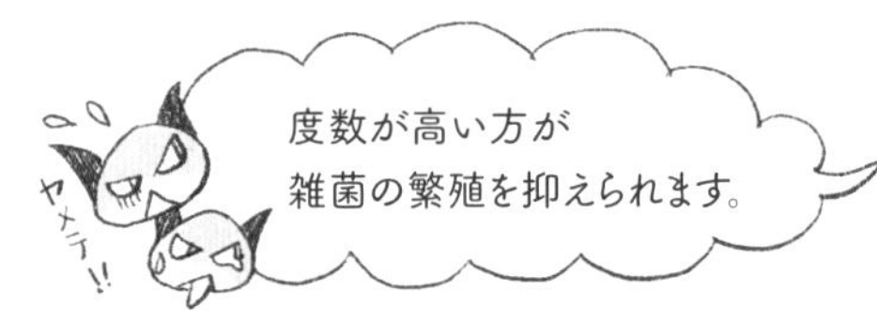

⑤空気を抜きながらボール状にまとめ、容器に投げ入れ、空気が入らないように押し付けながら詰める。表面をならし、刷毛でホワイトリカーを塗ってピッタリとラップをして、皿などで重石をする。またはガーゼを敷き、上から板酒粕をのせてふたにする（酒粕はあとで粕汁などに使える）。

⑥冷暗所に置き、出来れば1～2ヶ月後に一旦取り出してよく混ぜ、再び容器に空気が入らないように戻す。夏場なら2～4ヶ月、冬場なら3～8ヶ月で完成。使う分だけ容器に移して冷蔵庫で保存し、残りはまた空気が入らないようにふたをして保存する。

※カビが生えたらカビだけ取り除けば良い。
※容器は陶器、木製、琺瑯、プラスティックなど、光を通さないものがおすすめです。

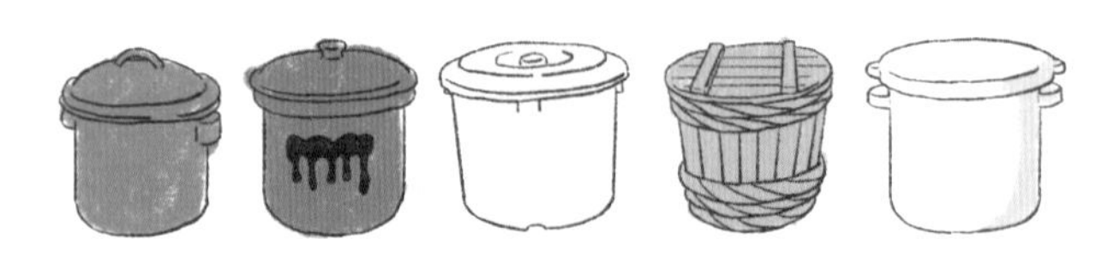

わっ
ガーゼの上に酒粕で
ふたをしてもいいよ!
みそが染み込んだ
粕汁が最高!
酒粕
要冷蔵

おからみそ

おからを使うので簡単な上に経済的!
さらっとした仕上がりのみそです。

【材料（つくりやすい分量）】

おから…300 g

水または豆乳…150 ～ 200 g

麹…200 g

塩…100 g

【つくり方】

①ボウルに麹と塩を入れてよく混ぜ、おからも入れて手でよく揉み込む。

②耳たぶくらいのやわらかさになるように水または豆乳を入れ（※ 1)、さらによく揉む。

③空気が入らないように容器（※ 2）に詰め、本格麹みそ（P52）の要領でふたをし、冷暗所に保存する。夏場に仕込めば 2 ～ 3 ヶ月、冬場なら 3 ～ 4 ヶ月くらいで食べられるようになる。

※1　おからは店によって水分量が違うので、入れる水または豆乳の量を加減してください。

※2　おからみそは粘りがなく、ジッパー付き保存袋だと空気が入りやすくカビやすいので、容器に入れ、ホワイトリカーを塗りラップを密着させて皿などで重石をするか、上にガーゼをひいて板酒粕をのせてふたにして、完成したら冷蔵庫で保存します。

簡単みそ

本格みそをつくるのは大変でも
これなら簡単につくれます。

【材料（つくりやすい分量）】

水煮大豆（食塩無添加のもの）…250 g

麹…100 g

塩…50 g

大豆の煮汁…大さじ 1 ～ 2 くらい

【つくり方】

①水煮大豆と 200 ～ 300㎖くらいの水を鍋に入れて中火にかけ、沸騰したら弱火にし、5 ～ 10 分ゆでる。ザルで水気を切り（煮汁は捨てない）、丈夫なジッパー付き保存袋に入れ、めん棒などで叩いて大豆を潰す。フードプロセッサーを使っても OK。

②大きめのボウルに麹と塩を入れて混ぜ、①の温度が 60°C以下なのを確認してから同じジッパー付き保存袋に入れて、手で 5 分くらい揉み込む。

③①の煮汁を大さじ 1 ～ 2 くらい加え（やわらかいようなら入れなくても良い）、さらに 5 分くらい手で揉む。

④めん棒などを使って空気が入らないように平らにならし、冷暗所に保存する。

気温が高いと発酵が進みガスを発生して袋が膨らむことがあります。袋が膨らんできたら空気を抜きましょう。

夏場に仕込めば2〜3ヶ月、冬場なら3〜4ヶ月くらいで食べられるようになります。日付をメモしておくとわかりやすい。

210520 おからみそ

お豆腐屋さんのできたてホカホカのおから!!

粘りがなく、さらっとしているのでみそ汁をつくるときに、お湯に溶かしやすいです。あっさりした味なので他のみそとミックスしてもおいしいです。

ホエー漬け

ヨーグルトのホエーと塩でつくる漬物です。スパイスでいろいろな風味も楽しめます!

残った漬け汁に、新しい野菜、野菜に対し2%の塩を加えると、同じ漬け汁で何度も漬けられます。ホエーやだいこんおろしの汁を足しても。

【材料(つくりやすい分量)】

ヨーグルトのホエー…100mℓ(100g)

塩…小さじ1

野菜…100g(きゅうりなら1本分)

【つくり方】

①ジッパー付き保存袋かビニール袋にホエーと塩を入れてよく混ぜる。

②一口大に切った野菜を入れ、空気を抜いて口を閉じ、冷蔵庫で30分以上漬ける。

洋風にするなら

とうがらし・黒こしょう(赤こしょうや白こしょうでも)・ニンニク・ディルなどを入れる

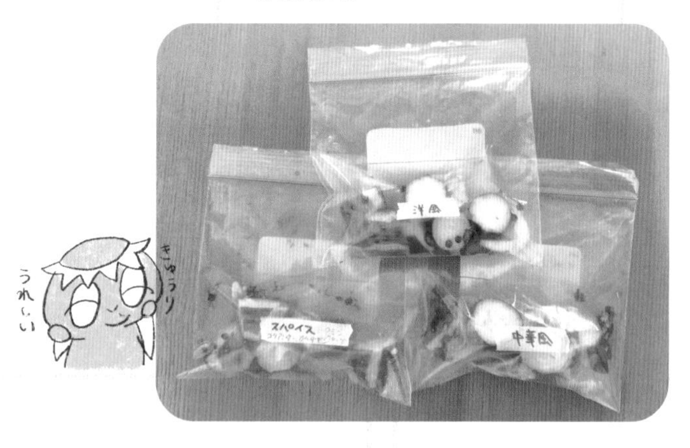

スパイス風味にするなら

ホールのコリアンダー・クローブ・カルダモン・クミンなどを入れる

中華風にするなら

花椒・とうがらし・八角・しょうがなどを入れる

1週間前後漬けると、ぬかの古漬けのような味になります。古漬けはそのままでもいいですが、軽く塩抜きして、おろししょうが、削り節、醤油を足して「かくや(※)」風に食べるのもおすすめ。

かぶ、きゅうり、にんじんをホエーで漬けています。

漬け物用の容器があると便利。

硬めにゆでた青大豆のホエー漬けもおいしい!

※「かくや」とは、きゅうりなどのぬかの古漬けを刻み、水に漬けて塩抜きし、みょうがやしょうがの千切りを添え、醤油、削り節をかけたもの。

あっさり白菜キムチ

箸休めやおつまみになるキムチです。
とても簡単につくれるのもポイントです

【つくり方】

①白菜は半日、天日干しする。

②イカの塩辛を刻み、ジッパー付き保存袋かビニール袋にⒶの材料をすべて入れ、よく混ぜる。

③①を一口大に切って②に入れてよく揉み、空気を抜いて口を閉じ、冷蔵庫で30分以上漬ける。

【材料(つくりやすい分量)**】**

白菜…1/8（250g）

Ⓐ粉とうがらし（韓国産）…
　小さじ2〜大さじ1
　※辛いのが好きな方は多めに入れてください。
　甘酒（P104）…大さじ2（40g）
　おろししょうが…小さじ1/2
　おろしにんにく…小さじ1/2
　イカの塩辛…30g
　塩…小さじ1/ 2
　ナンプラー…小さじ1

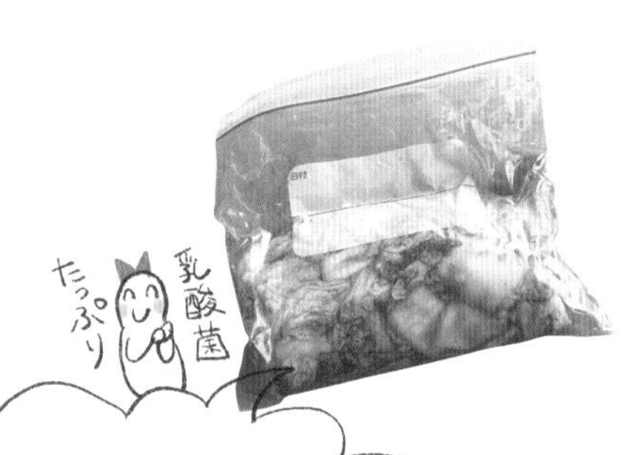

2〜3週間して
酸味が出てきたものも
またおいしい！

材料Ⓐを混ぜたものを、ラップで
包んで冷凍しておくと、いつでも
キムチが簡単につくれて
便利です。

納豆

水煮大豆を使っての納豆づくり。
科学の実験みたいで楽しい

【材料（つくりやすい分量）】

水煮大豆…1 缶（100 g）

市販の納豆…1/2 パック（20 g）

【用意するもの】

発泡スチロールの箱（100 均で入手可能）

ホット飲料用のペットボトル 2 本くらい

外部センサー付き温度計（ホームセンターやネットで入手可能）

タオル 2 枚、ふきん、輪ゴム、密閉容器

【つくり方】

①鍋に水煮大豆とひたひたの水を入れて中火にかけ、豆がやわらかくなるまで 2 ～ 3 分煮てザルにあける。ゆで汁は少し取っておく。

② 市販の納豆に①のゆで汁大さじ 2 を加えて混ぜる。

③ ボウルに①と②を入れて混ぜ合わせ、密閉容器に入れる。ふきんをかけて輪ゴムでとめる。

④ ホット飲料用のペットボトルに 80°Cくらいのお湯を入れる。発泡スチロールの箱にペットボトル、タオル、③の容器を順に入れ、上にタオルを置き、箱のふたをずらしてのせ、密閉容器の中に温度計の先を入れておく。

⑤ 40°C前後を 24 時間保って発酵させる。納豆のまわりに白い糸のようなものが出てきたら発酵成功!　冷蔵庫に入れて 1 ～ 2 日熟成させる。

簡単漬物

我が家の常備菜。ごはんにもおつまみにも合う即席漬物をご紹介!

割り干しだいこんツボ漬け風

ごはんのおともにはやっぱりこれ! カレーの付け合わせにも!

醤油麹でつくる場合

【材料(つくりやすい分量)】

割り干しだいこん…35g
塩こんぶ…ひとつまみ(3g)
Ⓐ 醤油麹(P100)…大さじ1と1/2
　酢…大さじ2
　きび砂糖…大さじ2
　水…150mℓ

甘酒でつくる場合

【材料(つくりやすい分量)】

割り干しだいこん…35 g
塩こんぶ…ひとつまみ(3 g)
Ⓐ 甘酒(P104)…大さじ1
　醤油…大さじ2
　酢…大さじ2
　水…150mℓ

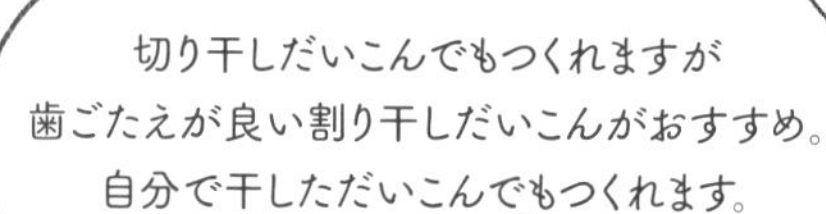

【つくり方】

①ジッパー付き保存袋にⒶを入れてよく混ぜる。
②さっと洗った割り干しだいこんと塩こんぶを①に入れてよく揉む。
③空気を抜いて口を閉じ、冷蔵庫で30分以上漬ける。

輪切りにした赤とうがらしを加えても。
2〜3日置いて、少し酸味が
出たあたりが食べごろです。

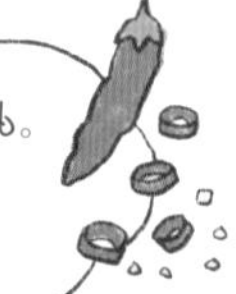

きゅうりのキューちゃん風

ほどよい甘みや酸味が食欲をそそります

【材料（つくりやすい分量）】

きゅうり…2 本（200g）
しょうが…2 片（10g）
Ⓐ 醤油麹（P100）…大さじ 1 と 1/2
　きび砂糖…小さじ 1
　酢…小さじ 2
赤とうがらし…1 本

毎日食べたい

【つくり方】

①鍋に湯を沸かし、鍋に入る大きさ（2～3等分）に切ったきゅうりを入れて3分ほどゆで、ザルにあける。粗熱が取れたら2～3mm 厚さの輪切りにする。しょうがは千切りにする。
②①のきゅうりをふきんなどで包み、力一杯水気を絞る。
③ジッパー付き保存袋にⒶを入れてよく混ぜ、②、しょうが、種を取って輪切りにした赤とうがらしを入れ、空気を抜いて口を閉じ、冷蔵庫で 30 分以上漬ける。

※薄めの味付けですが、時間が経つと酸味が増してきます。

きゅうりの塩にんにく漬け

さっぱり味の夏の漬物です

【材料（つくりやすい分量）】

きゅうり…2 本（200g）
にんにく…1 片
Ⓐ 塩…小さじ 1 弱
　水…100mℓ
赤とうがらし…1 本

【つくり方】

①きゅうりは 1 口大の乱切りにする。にんにくは包丁の腹で潰す。
②ビニール袋やジッパー付き保存袋にⒶを入れてよく混ぜて塩を溶かし、半分に切って種を取った赤とうがらしと①を入れ、空気を抜いて口を閉じ、冷蔵庫で 30 分以上漬ける。

※漬け汁に塩ときゅうり（他の野菜でも）を足していけば、何度かつくれます。

梅のこと編

昔、ツボとツボおかんはカナダ旅行をしたそうだ

ツボおかん（小鹿田焼き）

年寄りばかりのパックツアー!!
もちろんツボは最年少!!

ガラガラ

おばちゃんがくれる

それ以来、旅行の際は必ずたたき梅干を持って行きます

台湾や韓国では平気だけど念のためあると安心♪

避難袋にも入れてます

菓子パン
缶詰
缶詰
ツナ
おにぎり

まだ経験したことないけど
梅干しがあるといいかも……?
のど乾くかな——?

ビニール袋&ジッパー付き保存袋

おまけ福レシピ たたき梅きゅうり

【材料(つくりやすい分量)】

きゅうり…1本

Ⓐたたいた梅…1個分

　甘酒麺つゆ（P42）…小さじ1

　すりおろししょうが…少々

【つくり方】

きゅうりをたたいて食べやすく切り、よく混ぜたⒶと和える。好みで削り節やごま油をかける。

梅の発酵シロップ

梅&麹の最強コンビでつくるシロップ。
甘くておいしい夏のジュースに!

【材料（つくりやすい分量）】

青梅…500g（種を抜いたあとは約 400g）

白砂糖…種を抜いた梅の 1.1 倍の量（440g）

麹…20 g

【つくり方】

①梅を水で洗って、タオルなどで水気をふき取る。竹串でなり口を取り除く。

②丈夫なジッパー付き保存袋に入れ、めん棒などで叩き 4 つ割りくらいにし、実と種に分け種を取り除く。種が取りづらい場合は、さらに叩くか包丁で削ぎ落とす。

③梅の実の重さを計り、1.1 倍の量の砂糖を用意する。清潔な瓶に砂糖→梅→麹→砂糖の順に、スプーンなどで押し入れ、最後は砂糖で終えて、布などでふたをし輪ゴムでとめて常温に置いておく。

④ときどきスプーンなどで混ぜ、気泡が出てきて、砂糖の粒が溶けてなくなれば完成。ザルなどで濾し、炭酸用のペットボトルに 7 分目くらいまで入れ、ふたをゆるく締めて、冷暗所で保存する。

[注意]天然の酵母菌により、アルコールが発生する場合があるので、車を運転する方やお酒に弱い方、お子様が飲まれる場合はご注意ください。

梅種酢

梅風味のおいしいお酢をつくります。
種まで大事に使いましょう!

【材料（つくりやすい分量）】

青梅の種…適量

酢…適量

【つくり方】

①清潔な瓶に梅の種と酢を入れて混ぜ、ふたをする。

② 2 ～ 3 週間経ってから使い始める。減ってきたら酢を注ぎ足しても良い。

梅には疲労回復を助けて便秘を解消してくれるクエン酸がたっぷり！　夏には冷やして、炭酸などで割って飲むのがおすすめです。

つくり方は発酵シロップ（P18）と同じですが梅と麹の風味と栄養が一緒にいただけるありがたいシロップ！　麹を入れることで甘味がやわらかくなります。

梅種酢は焼いた魚や鶏肉にかけたり、うどんやそば、ぶっかけ麺（P44）の味変にも！　安価な醸造酢でもおいしく出来上がりますよ！

青梅は発酵させてシロップにするとおいしく飲めます！　青梅が出まわるのは旬の時期だけ。梅種酢も絶品ですのでぜひ一緒につくってみてください。

梅干し

少量から簡単につくれる
もはや我が家では欠かせない梅干し!

【材料(つくりやすい分量)**】**

完熟梅…1kg
塩…150 g（梅の重さの 15%）
赤じそ…1 束（100 gくらい）
塩（赤じそのアク取り用）…大さじ 1

【つくり方その1　梅酢を上げる】

①完熟梅を水で洗って、タオルなどで水気をふき取る。竹串でなり口を取り除く。
②梅の重さを計って 15%の量の塩を用意する。ビニール袋やジッパー付き保存袋に梅と塩を入れて全体にまぶし、空気を抜いて口を閉じる。水分が漏れる可能性があるので、密閉容器などに入れ、梅酢が上がるまで皿などで重石をして冷暗所に置いておく。梅酢が上がったらときどき混ぜながら、赤じそが出回るのを待つ。

【つくり方その2　赤じそを入れる】

①赤じその葉を摘み、水で洗って水気を切ってボウルに入れ、塩大さじ 1/2 をまぶして揉み込み、出た水分を捨てる。ボウルを洗って水気を切り、また同じ赤じそに塩大さじ 1/2 を揉み込んでさらに力強くしぼり、出た水分を捨て、赤じそのアクを取り除く。
②梅酢が上がってきた梅の上に①をのせて、皿などで重石をし、梅雨明けを待つ。

※赤じそのアクを出すとき、手が赤く染まるので、ゴム手袋をするのがおすすめ。

【つくり方その3　干す】

①梅雨が終わって夏になり、晴天が3日続く日に梅を干す。梅と赤じそを容器から出し、ザルや皿、バットなどに並べて日に当て、夜になったら取り込む。ときどき天地を返す。赤じそも一緒に干しておく。

②3日干したら梅酢に戻し、ガラスや琺瑯などの容器に入れて保存する。

おまけ福レシピ　たたき梅

我が家ではたたき梅を小瓶に入れて、冷蔵庫に常備しています。納豆に混ぜたり、きゅうりに和えたり、マヨネーズと混ぜたりして使っています。

ガラスの容器に入れ、晴天が続く日の昼間に1週間くらい、ふたを開けて干す「瓶干し」でも。梅酢に漬けたまま、1年くらい放置してから干した友人もいますので、あまり神経質にならなくても良いようです。

しば漬け

赤じその風味と乳酸菌の酸味だけの
シンプルな漬けもの!

【材料（つくりやすい分量）**】**

なす…500g

赤じそ…1 束（100 gくらい）

塩…30 g（野菜の 5%）

【つくり方】

①赤じそを梅干しづくりの要領でアク抜きをし（塩は分量外）、食べやすく刻んでおく。

②なすは縞模様に皮をむき、食べやすい大きさに切る。水にさらしてアクを抜き、水気を切る。

③ジッパー付き保存袋を立てて、塩→なす→赤じその順に入れ、最後は塩で終わらせて空気を抜いて口を閉じる。

④空気に触れていないかときどき確認して、常温で 2 週間〜 1 ヶ月置く。全体の色が赤くなり、酸味が出てきたら完成。完成したら冷蔵庫で保存する。

※冷蔵庫で1年保存可能。なすにきゅうりをミックスしてもOK!

ゆかりしそ

梅干しのおいしい副産物。
ほどよい酸味と塩気がクセになります

【材料（つくりやすい分量）**】**

梅干しと一緒に漬けた赤じそ…適量

【つくり方】

①梅干しを干すとき、赤じそも一緒にパリパリに乾くまで干す（梅より時間がかかる）。

②すり鉢やフードプロセッサーなどで細かくする。乾燥剤とともに密閉容器に入れ、常温で 1 年保存可能。

我が家は
焼酎カップに
スプーンと一緒に
入れています。

おまけ福レシピ

おからとツナのしば漬けサラダ

【材料(2〜3人分)】

しば漬け…30g
おから…100g
豆乳ヨーグルト（P24）…大さじ5
ツナ缶（70g）…1缶

【つくり方】

①おからを耐熱皿にのせて、電子レンジで2分加熱し、粗熱をとっておく。
②しば漬けをざく切りにし、豆乳ヨーグルトとツナ缶をオイルごとよく混ぜ、①を加えて混ぜ合わせる。

鶏ハムゆかりしそかけ

【材料(2人分)】

鶏むね肉…1枚（200g）
塩麹（P101）または酒塩麹（P103）…大さじ1
ゆかりしそ、千切りキャベツ、マヨネーズ…適量

【つくり方】

①鶏むね肉（※）を耐熱のビニール袋に入れ、塩麹か酒塩麹をまぶし、空気を抜いて口を閉じ、冷蔵庫で半日ほど置いておく。
②鍋にたっぷりのお湯を沸かし、沸騰したら火を消し、①を袋ごと入れてふたをして1時間放置しておく。冷めたら食べやすい大きさに切る。
③器に千切りキャベツと②をのせ、ゆかりしそをふりかけ、マヨネーズを添える。
※厚みがあれば包丁で切れ目を入れておく。

堆肥づくりにハマる

◎いろいろ学べる区民大学

月に三回投函される、区の広報誌に「区民大学（区民のための学習の場）」の案内があります。面白そうな授業には、往復ハガキで応募し、当選を心待ちにしている日々。いままで参加した授業は、酒造りの基礎知識、健康体操、食育、東洋医学のツボ押し、ゴーヤ栽培、土のリサイクル講座など。子供の頃はあんなに勉強が嫌いだったのに、大人になって、興味があることを学ぶのはとても楽しいです。

◎ベランダでつくる生ごみ堆肥

そのなかでも、「堆肥づくり教室」は、とても印象深い体験でした。以来、様々な本なども参考にしながら、我が家では一年に一、二回ベランダで堆肥をつくり、ゴーヤ、みょうが、藍などの栽培に活用しています。そのおかげか、ベランダ植物はみんな元気いっぱいです。

この堆肥づくりの授業ですが、教えていただいたのは「江戸川区生ごみ堆肥化実践クラブ」の方々。クラブというだけあって、日々、みんなでいろんな情報を交換し合い実践しているそうで、とてもわかりやすく実用的な授業だったので、一部、ここで学んだことを紹介したいと思います。最初は仕組みをよく分からずにやってしまい、異臭や、虫を発生させてしまうなど失敗もありましたが、慣れてきて、きちんと発酵が進むと、野菜くずが土のようなものに次第に変わっていきました。触るととても温かく、白カビが生え、不快でない発酵の良い香りがする……などなど、微生物の働きが、目で匂いでわかることがとても面白くなりました。

本当は家で出る生ごみすべてを堆肥にしたいのですが、狭いベランダなので置き場所や使い道がなく、堆肥づくりに活用出来る量のバランスを見ながら、日々堆肥づくりを楽しんでいます。

用意するもの

発泡スチロールのふた付きの箱

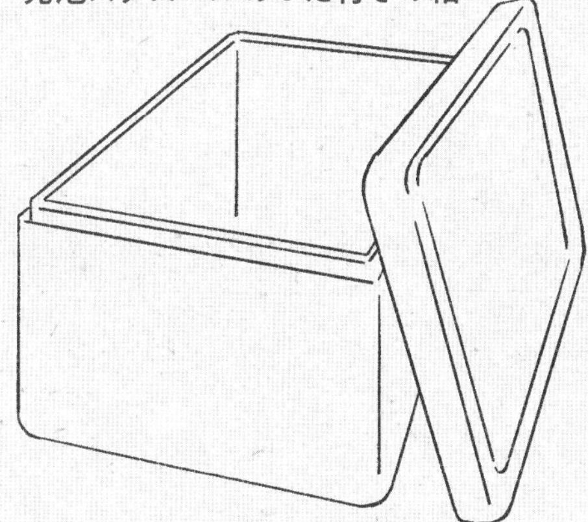

40cm × 30cm × 30cm 程度のもの。スーパーなどでもらえます。魚介類用のものはよく洗ってから使用する。

米ぬか

米屋で無料、または有料で手に入る。

密閉容器

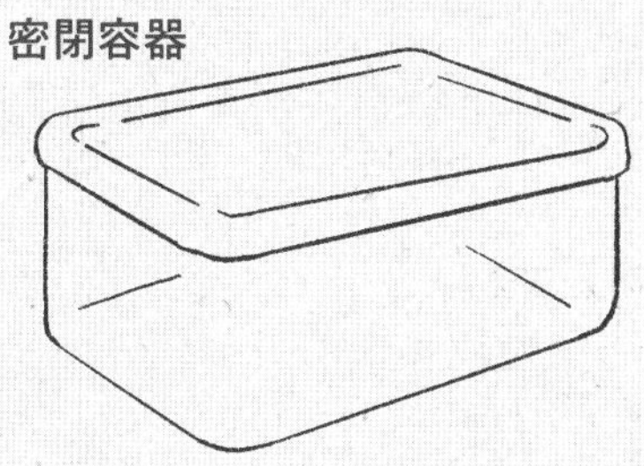

21cm × 14cm × 9cm 程度のもの。100均のものでOK!　たくさんつくる場合は2つあると良い。

不織布や布など

発泡スチロールの箱を覆うことが出来る程度の大きさ。

種土（中熟堆肥）

種土は販売されていません。植え込みの下の落ち葉が堆積しているような、微生物がいっぱいの土や、腐葉土（国産のもの）に古土を混ぜてください。

ゴムひも

発泡スチロールの箱に被せた布をとめられる長さ

古い土

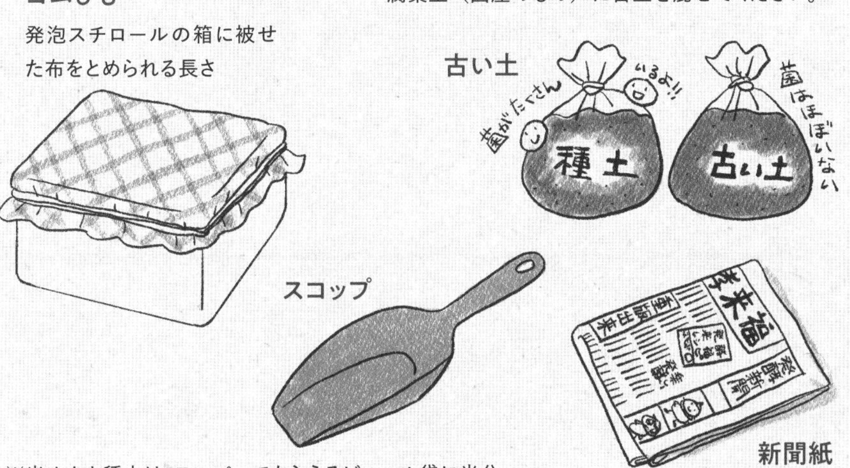

スコップ

新聞紙

※米ぬかと種土は、スーパーでもらえるビニール袋に半分～7分目程度の量、古い土はその倍くらいあると良い。

ベランダ堆肥づくりの手順

①発酵させる準備をする

生ごみは細かく切る。水分の多いものは腐敗や悪臭の原因になるのでザルや新聞紙の上で半日ほど乾かす。それらを密閉容器に入れ、一つかみの米ぬかをまぶしてふたをする。

入れて良い生ごみ
・野菜くず・果物の皮・卵の殻（砕く）・茶がら・コーヒーかすなど
（魚の骨やアラなどは、堆肥づくりに慣れてから入れた方が良い。玉ねぎやニンニクの皮は分解しづらい）

・入れてはいけない生ごみ
貝・切花・腐ったもの

生ごみというより
微生物のごはんです!!

②発酵させる

①を繰り返して1週間くらいかけ密閉容器がいっぱいになったら、そのまま3～4日置き1次発酵させる。乳酸菌などの米ぬかについてる微生物の働きにより、漬物のような香りがする。白カビが生えることがあるが問題はない。

1次発酵させます〜

生ごみ
微生物のごはん

③種土を加え、空気を入れる

発泡スチロールの箱に②と種土を一緒に入れて混ぜ、空気を入れる（生ごみ堆肥の微生物は好気性）。生ごみの匂いを抑えるために上から古い土をかぶせて、さらに新聞紙で覆う。

④2次発酵させる

発泡スチロールの箱に布をかぶせてゴムひもでとめる。ベランダの雨の当たらない場所に置く。湿気で新聞紙がしっとりするので、ときどき乾いているものと取り替える。

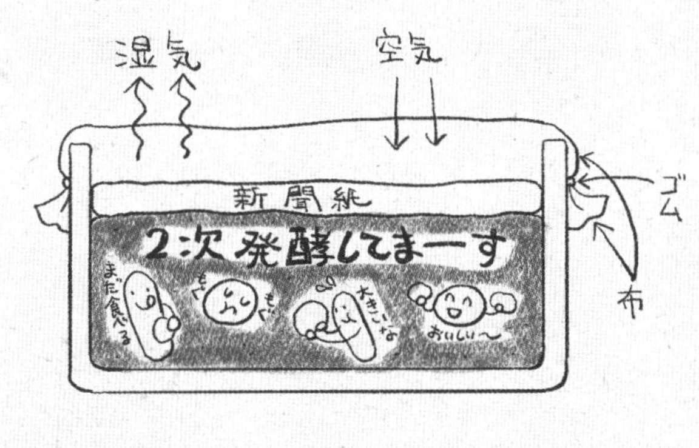

⑤発酵が進んでいることを確認する

土を触ったら温かくなっていて（放線菌）、土の表面に白いカビ（糸状菌）が生えていたら発酵が進んでいる合図。

カビの拡大図

⑥熟成させる

①〜⑤を繰り返し、箱が8分目になったら、布ではなく密閉できるふたをして熟成させる。新聞紙はかぶせたままにし（湿っていたら取り換える）、月に1度、全体をかき混ぜて空気を入れる。保管場所にもよるが、真冬以外なら3ヶ月ほど置くと、堆肥として使える。2回目をつくる際は、発酵中の堆肥を種堆肥として使う。

ベランダ堆肥づくりのエトセトラ

○堆肥になっているかの見分け方

生ごみの原形がなくなり、黒っぽくて縁の下（床下）のような匂いがする、触るとポロポロと崩れる。または、堆肥を透明なコップに少量入れ、5倍くらいの水を入れて攪拌して2〜3日置いて、上層の水が透明なら完熟、濁っていれば未熟。わからない場合は、根から離れた位置に入れて使う。

○堆肥の使い方

土3：堆肥2：腐葉土1に有機石灰を少量加えると培養土になる。私は古い土に少し混ぜたり、追肥として使っている。

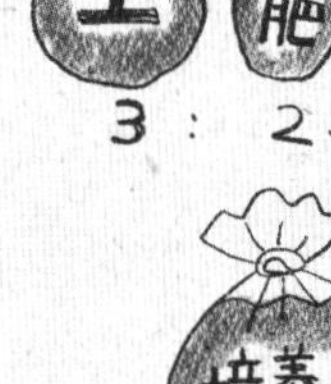

○虫が湧いてしまったら⑴

ダニであれば生ごみを分解するが、不快であれば容器ごとゴミ袋などの大きなポリ袋に入れて口を閉じ、日当たりの良い場所に1〜2日置くと少なくなる。その後、再び堆肥づくりを続ける。

○虫が湧いてしまったら⑵

ミズアブやウジが湧いたら、乾いた土をかけて発泡スチロールのふたをする。ふたが外れないようにガムテープを貼り、数ヶ月〜1年ほど放置する。ふたを開けて虫がいなくなったら、再び堆肥づくりをはじめる。

私も大きな幼虫を見つけ驚きましたが、土をかけてふたをして1年ほど放置したら、虫はいなくなっていました。

参考資料
江戸川区生ごみ堆肥化実践クラブ（2018）『楽しい生ごみ堆肥づくり　講習会テキスト』
小倉ヒラク文・絵（あかね書房）『夏休み！　発酵菌ですぐできる おいしい自由研究』

3

休日のごはんと
はじめてのお酢づくり

野良飲み編
皆さんはお花見は好きですか？
桜の花の下で飲んだり食べたり
楽しいですよね？
イエーイ
酒
Beer
でも桜の下だけに
かぎらず、違う季節や
自然のなかで楽しむ
のでも良いのでは？
桜じゃなくても
よくない？
ぶりっこ
というわけで我が家は
天気が良い休日に
公園や河原で「野良飲み」してます
カンパーイ
Beer
Beer
座る所があれば
そこは酒場
もちろんお茶でもジュースでも!!
ツボはたまに青空の下で
思ってる事を吐き出します
実は私……
えっ
何!!
ドキィッ
……って思って
たけど
まぁいいや
まぁ飲み!!
酒でも飲み!!
広ーい空と豊かな緑を
見ていると自然と
前向きになれるようです

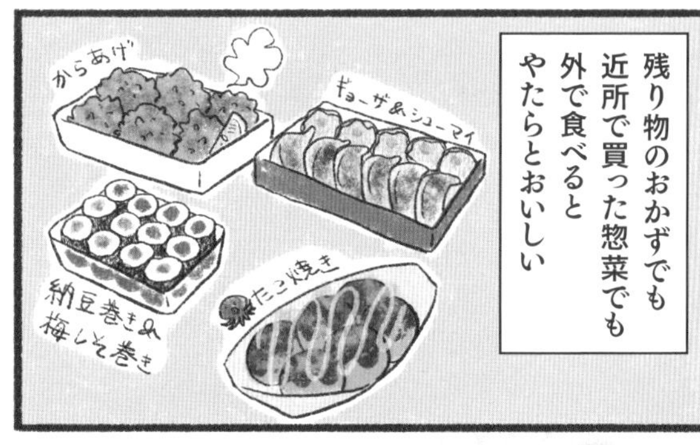

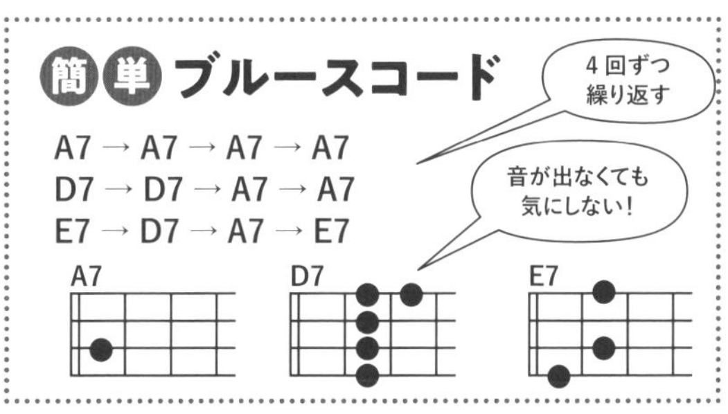

※宴会や演奏する時は周囲の迷惑にならない場所でおこなってください。
また、ゴミは持ち帰りましょう。

野良飲み弁当

天気の良い日は気分を変えて
公園や河原で楽しいお弁当!

ツナ梅おにぎり

好きで野良飲みの度につくっているおにぎり。
白ごまやきざんだ大葉を混ぜ込んでも

【材料(つくりやすい分量)】

米…2 合
ツナ缶…1 缶(70g)
梅干し(P66)…2 個

【つくり方】

①米をといでザルにあけて 1 時間おき、炊飯器に入れる。ツナ缶の汁と水を足して二合分の水分量にし、ツナも一緒に入れて炊く。
②梅干しは種を取り除いたら包丁で叩き、炊き上がった①に加えて混ぜる。
③お椀や小鉢の上にラップを敷き、②を適量のせてラップごと握り、そのまま包む。

※飲み会の際にもつくっておくと、シメにもなり、余ればお土産に持って帰ってもらえるので便利です。

鶏とメカジキピカタ

焦げやすい塩麹漬けの肉や魚も
衣で包めばきれいに焼けます

【材料(つくりやすい分量)】

鶏むね肉…1 枚(200g)
Ⓐ 塩麹(P101)…小さじ1
　ゆかりしそ(P68)…小さじ1
メカジキ…2 切れ(200g)
Ⓑ 塩麹…小さじ 2
　カレー粉…小さじ 1/3
小麦粉…大さじ 2
卵…1 個
油…適量

【つくり方】

①鶏むね肉は一口大にそぎ切りしてⒶとともにビニール袋に入れ、全体をよく揉み込む。メカジキも一口大に切り、Ⓑとともに別のビニール袋に入れ、全体をよく揉み込む。空気を抜いて口を閉じ、冷蔵庫で 30 分～1 晩漬ける。
②バットなどに小麦粉を入れ、①に一枚ずつ小麦粉をまぶす。それを割りほぐした卵にくぐらせる。
③フライパンを中火で熱して油をひき、熱くなったら②を入れて、両面に焼き色がつくまで焼く。

エビだれブロッコリー

**大好きな居酒屋さんで出てきたお通しが
おいしかったので醤油麹でアレンジ!**

【材料(つくりやすい分量)】

ブロッコリー…1/2 房（125g）
Ⓐ 醤油麹（P100）…小さじ 2
　オリーブオイル…大さじ 1
　干しエビ（※）…大さじ 1
　刻んだにんにく・しょうが…少々

【つくり方】

①ブロッコリーは小房に分け、耐熱容器に入れて電子レンジで 2 ～3分加熱するか、塩少々を入れた湯で 2 ～3分ゆでる。
②ボウルにⒶを入れてよく混ぜ、①を和える。

※干しエビはお好み焼きなどに入れるものを使います。入れる前に乾煎りすると香ばしくなります。

野良飲みつまみ

最高にビールがおいしい
青空酒場、開店です♪

紅しょうが蒸しつくね

**紅しょうがと醤油麹がアクセントの
やさしい味のつくねです**

【材料（つくりやすい分量）**】**

鶏むねひき肉…200g
紅しょうが…35g
豆腐…1/3 丁（100g）
醤油麹（P 100）…小さじ 2
片栗粉（※ 1）…大さじ 1

【つくり方】

①紅しょうがは粗みじんにする。豆腐は水切りしておく。
②すべての材料をよく混ぜ、小さめの団子をつくる。
③蒸し器にクッキングペーパーを敷いて②を並べ、8 ～ 10 分蒸す（※ 2）。

※1　醤油麹の麹が片栗粉のデンプンを分解して水っぽくなるので、片栗粉を混ぜたらなるべく手早く作業してください。
※2　フライパンで焼く場合は、中火で熱して油をひき、つくねを並べ、焼き色がついたら天地を返し、ふたをして中弱火で4～5分焼いた後、ふたを取って水気をとばします。

塩漬け蒸し枝豆

**ゆでる前に塩でほんのり乳酸発酵させた
（ほぼ）失敗なしの枝豆おつまみ!**

【材料（つくりやすい分量）**】**

枝豆…1 袋
水…300mℓ
塩…小さじ 1 と 1/2（9g　水に対して 3%）

【つくり方】

①ビニール袋かジッパー付き保存袋に水と塩を入れてよく混ぜ、塩を溶かす。洗った枝豆を入れ、空気を抜いて口を閉じ、1 ～ 2 日常温に置いておく（※）。
②大きめのフライパンに①を塩水ごと入れて中火にかけてふたをし、沸騰したら火を弱め、ときどきゆすりながら 6 分蒸し煮してザルにあけて水気を切る。

※猛暑の場合はビニール袋ごと密閉容器に入れて冷蔵庫へ。

にんじんとたらこのバター煮

**おつまみだけでなく、おかずとしても、
ホットサンドに挟んでもおいしい**

【材料（つくりやすい分量）】

にんじん…1本（200g）
たらこ…1/4腹（※）
バター…小さじ2強（10g）
Ⓐ 醤油麹（P100）…小さじ2
　酒…大さじ2

【つくり方】

①にんじんは千切りにする。たらこは薄皮を取ってほぐし、Ⓐと混ぜる。
②鍋にバター以外の材料を入れて中火にかけ、混ぜながら水分がほとんどなくなるまで炒り煮し、最後にバターを加えて混ぜる。

※約20g。小さいたらこなら1/2腹くらいです。

ステキなお酢編
数年前、ツボは柿から
柿酢をつくり
どんな味に
なるのか
楽しみ～
酢
柿酢を種酢にして
酢をつくりました
柿酢
柿
二ヶ月後にボクが味見をしたら
酸っぱいだけの味だったので
楽しみに
してたのに!!
がびーん
イマイチ
だね
キッパリ!!

ツボは酢の瓶を押入れにしまったまま
果実酒などが
眠る押入れ
すっかり忘れて
いました
おやすみなさい……
ある日、押入れの片付けを
していたら出てきたので
おお
2年ぶり!!
元気だった？
ハイ
酢
何にでも
話しかける
オバチャン

味見をして
みると……
わくわく
色が少し
濃くなってる
～♪
大丈夫
なの？

うまいーっ
味に深みが
増してる!!
まろやか!!
仁王立ち
おいしすぎて
あっという間に
使い切ってしまい
とても悲しそう
でした
もっとつくって
寝かせて
おけば
良かった……
私のバカ!!
それ以来ツボは秋に
なると柿酢からお酢を
大量につくっています
一升瓶2本分!!
酢①
酢②
いいなぁ~
誰も採らないなら
私にくれないかな~
柿盗ったら
窃盗だからね
柿の木を見ると広がる柿妄想……
干し柿も
つくりたい
柿酢
柿酢を寝かせておいてもおいしい!!
柿の葉茶も
いいね♥
柿ワインは
つくっちゃダメよ☆
そしてときどき
熟成してるでぇ~
ツボビキニ
ビキニの
意味が
わからん……
女性も
(自分も)
熟成した方が
魅力が増す
などと主張
するので
うっとうしいです

手づくり酢いろいろ

手づくり酢は完成するのには少し時間がかかりますが、自分でつくった酢は何ともおいしく、やさしい酸味で身体も喜びます。まずは柿から柿酢をつくって種酢にし、酢やどぶろく酢、ワインビネガー、バルサミコ風酢などにも是非、挑戦してみてください

「失敗してもまぁいいや」
くらいの気持ちで、
肩の力を抜いてつくりましょう～！

おいしい酢になればラッキ～★

0424 どぶろく酢②

どぶろく酢

やわらかくて素朴な味わいのお酢です。副産物の酒粕もお料理に使えます。

発酵・熟成の途中でシンナーのような匂いがしたら失敗だと思って廃棄してください。また、常温保存中、表面にこんにゃくのような膜が張ることがあります。酢酸菌の塊なので害はありませんが、取り除いた方がいいようです。

出来立ては酸味を強く感じますが、1〜2年経つとまろやかになってきます。シンプルな味わいなのでいろいろな料理に使えます。

りんご酢

酸味は強くないですが、ほんのりとりんごの風味がある、飲みやすいお酢です。
（つくり方はP120）

赤ワインビネガー

少しコクがあるので、ドレッシングのアクセントにしたり、きのこ料理にも合います。

白ワインビネガー

ピクルスなどの洋風のお料理などに使えるさわやかな味です。

バルサミコ風酢

甘味とコクがあるので、肉料理などにおすすめ。

柿酢

そのままでもおいしく、各種手づくり酢の“種酢”にもなる柿酢をつくってみましょう

【材料（つくりやすい分量）】

柿…数個

酢（米酢や醸造酢など）…小さじ１～２くらい

【つくり方】

①柿はよく洗い、ヘタと痛んでいるところを切り落とし、種と皮をそのままに４つ割りにする。清潔で口が広いガラスや琺瑯の容器にギュウギュウ詰め入れ、布やキッチンペーパーでふたをして輪ゴムでとめる。直射日光が当たらない、暖かい場所（35°C以下）に置いておく。

②２～３日して柿がやわらかくなったら、スプーンで押しつぶす。３～４日すると柿が発酵して気泡が出て、甘酸っぱい香りになる。

③５～６日して、果肉と水分が分離してきたらザルなどで濾し、水分だけ抽出する。酢を加え、清潔な瓶に戻し、布やキッチンペーパーでふたをして輪ゴムでとめる。

④２～４週間常温に置いて、表面に薄い白い膜が張り、舐めてみて酸っぱくなっていれば完成。清潔な瓶に移しふたをして、冷暗所で保存する。

さらに濾すんだね
なんかぷくぷくしてる…
完成ーーー!!
分離してきた
濾すのには時間がかかるよ
普通のお酢と同じように使用するほか、ピクルスなどに使うのもおすすめ! 炭酸と割って飲んでもサッパリおいしい!
次ページから紹介する各種手づくり酢の種酢としても使えます!
ヤメテ

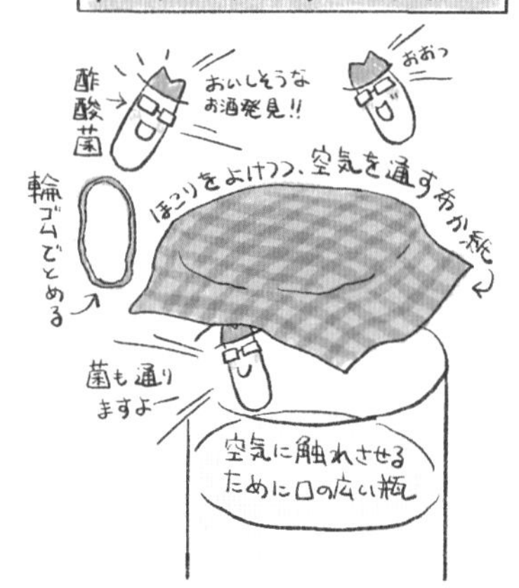

酢

柿酢を種酢にして
シンプルなお酢をつくります

【材料（つくりやすい分量）】

柿酢（P86）…40mℓ

日本酒…500mℓ

酢…500mℓ

水…630mℓ

【つくり方】

①材料をすべて口の広い清潔な瓶に入れ、布やキッチンペーパーでふたをして輪ゴムでとめる。

② 2 ～ 4 週間くらい常温に置き、酸味が出てきたら一升瓶などに移し、冷暗所で保存する。

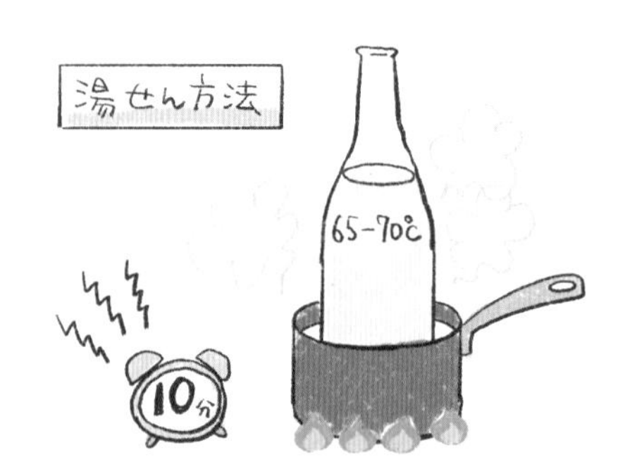

※我が家ではそのまま保存していますが、完成した酢は湯せんして発酵を止めれば、雑菌の繁殖を防げるため安心です。水を入れた鍋に瓶を入れて中火にかけ、65～70°C（酢の温度）で10分ほど湯せんします。

おまけ〈福〉解説　柿酢から酢ができるまで

【1. アルコール発酵】

柿についている酵母菌が、柿の甘味を分解して、炭酸とアルコールを出します。

【2. 酢酸発酵】

アルコールを分解する酢酸菌が、空気中からやってきて、酸っぱい酢酸を出し、柿酢ができます。

【3. 柿酢を種酢にして酢をつくる】

日本酒（アルコール）と水に、酢酸発酵の元になる柿酢を足して酢酸発酵させます。酸度調整のために市販の酢を入れます。

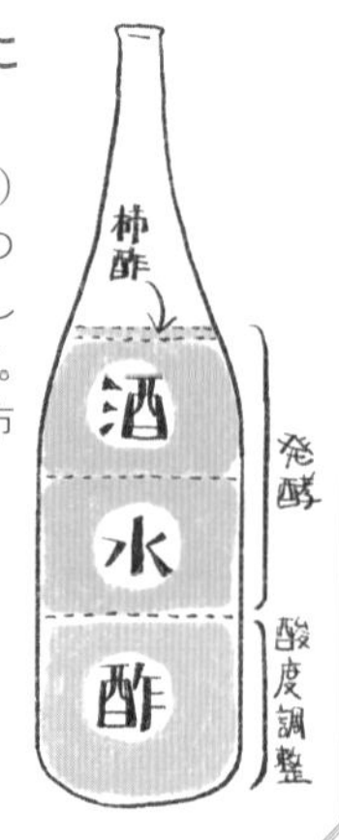

えのきの豚肉巻き

**味付け簡単なのにおいしい!
おかずにもおつまみにもなります**

【材料】

豚バラ肉…5 枚
えのきたけ…1 袋（200g）
Ⓐ 酢…大さじ 2
　オイスターソース…大さじ 1/2
塩…少々
油…適量

【つくり方】

①えのきたけは石突きを切り落とし、10 等分にする。豚バラ肉を半分に切って塩少々をふり、えのきたけを肉できつめに巻いたものを 10 個つくる。
②フライパンを中火で熱して油をひき、①の巻き終わりを下にして全体がきつね色になるまで焼き、よく混ぜたⒶを入れ、汁気がなくなるまで煮詰める。

白菜和風サラダ

**白菜がもりもり食べられる
さっぱり味の和風サラダ**

【材料】

白菜…1/8（250g）
塩…小さじ 1/2
ちりめんじゃこ…15g
Ⓐ 酢…大さじ 1
　塩麹（P101）…小さじ 1
　おろししょうが…1 片分
削り節…適量

【つくり方】

①白菜は 5mm ～ 1cm 幅に切り、塩とともにビニール袋に入れる。手でよく揉み、常温で 10 分置いた後、袋の上から白菜を絞って水気を出して捨てる。
②Ⓐをよく混ぜ、①の袋に入れて揉み込む。器に盛り、削り節をのせる。好みでごま油を適量かけても。

どぶろく酢

**どぶろくからつくるお酢は
やわらかい味になります**

【材料(つくりやすい分量)**】**

米…1合（150ｇ）
麹…50ｇ
水…500mℓ
ドライイースト…小さじ1
柿酢（P86）…大さじ3

【つくり方】

①米をとぎ、300mℓの水でお粥を炊く。200mℓの水を加えて温度を下げ、麹を加えて、保温ポットなどに入れて8時間くらい置いて保温して甘酒をつくる（※1）。
② ①に水を足して1ℓにし、容器に入れ、ドライイーストを加えて混ぜる。布やキッチンペーパーでふたをして輪ゴムでとめる。1日1回かき混ぜ、1週間ほどでどぶろくが出来る。
③上澄みをおたまなどで取り出し、柿酢と一緒に口の広い容器に入れ、布やキッチンペーパーでふたをして輪ゴムでとめる。2～3ヶ月したら瓶などに移し、冷暗所で保存する。（※2）

※1　炊飯器で保温する場合は、ふたを開けてふきんなどをのせて保温し、ときどき混ぜます。
※2　P88の方法で発酵を止めるために湯せんしてもいいです。

イカとセロリのマリネ

どぶろく酢のまろやかな酸味が
イカとセロリに合います

【材料（つくりやすい分量）】

ボイルイカ（※）…1 杯 (140g)
セロリ…1 本（茎の部分のみ）
Ａ どぶろく酢…大さじ 2
　塩麹（P101）…小さじ 1 強
　オリーブオイル…大さじ 1
黒こしょう…少々

【つくり方】

①イカは食べやすい大きさに切る。セロリの茎はすじをとり、斜め薄切りにする。
②ボウルにＡを入れ、泡立て器で混ぜて乳化させ、①を和える。冷蔵庫で 30 分ほど冷やし、味をなじませ黒こしょうをひく。

※生のイカを処理して、塩少々を入れた湯でさっとゆでたものを使っても。

おまけ 福 レシピ

セロリの葉のナムル

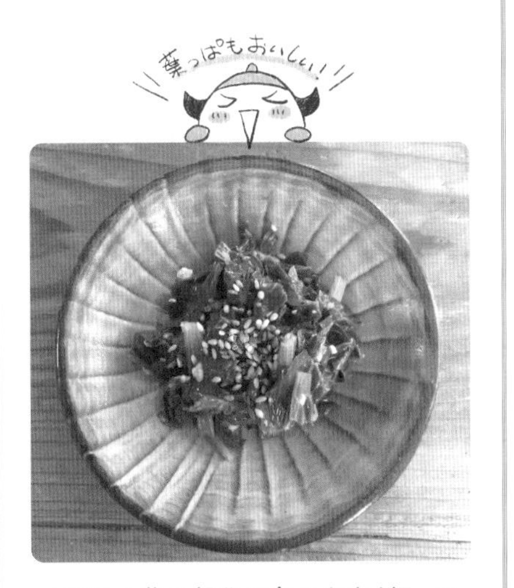

セロリの葉の部分は食べやすく切ってサッとゆで、塩麹とごま油で和えてナムルにするとおいしいです。

うずらの卵の酢漬け

ビネガーの酸味と塩気で白ワインがすすむ立派なおつまみに!

【材料(つくりやすい分量)】

うずらの卵の水煮…10 個

Ⓐ 白ワインビネガー…大さじ 2 と 1/2

水…50mℓ

塩…小さじ 1

はちみつ…大さじ 1/ 2

【つくり方】

①ジッパー付き保存袋にⒶを入れて混ぜる。

②うずらの卵の水煮を①に入れ、冷蔵庫で一晩置く。

ワインビネガー

洋風の料理にも合うワインビネガーを白・赤ワインからつくってみましょう

【材料(つくりやすい分量)】

柿酢(P86)…40mℓ

白ワインまたは赤ワイン…500mℓ

酢…500mℓ

水…630mℓ

【つくり方】

①材料をすべて口の広い清潔な瓶に入れ、布やキッチンペーパーでふたをして輪ゴムでとめる。

② 2 ～ 4 週間くらい常温に置き、酸味が出てきたら一升瓶などに移し、冷暗所で保存する。(※)

バルサミコ風酢

赤ワインビネガーからバルサミコ酢をつくります。ドレッシングに使うとコクが出ます

【材料(つくりやすい分量)】

赤ワインビネガー…450mℓと 100mℓ

砂糖…35 g

ドライイースト…少々

【つくり方】

①赤ワインビネガー 450mℓを湯せんにかけて 2/3 ～ 1/2 くらいになるまで煮詰め、粗熱を取る。

②口の広い清潔な瓶に①を入れ、砂糖とドライイーストを加えて混ぜ、布などでふたをして輪ゴムでとめ、常温に置く。

③ 1 週間くらい経ったら赤ワインビネガー 100mℓを加えて、布などでふたをして輪ゴムでとめる。

④ 1 ヶ月ほど経って酸味がでたら瓶に移し替え、冷暗所で保存する。(※)

※ P88の方法で発酵を止めるために湯せんしてもいいです。

鶏肉じわじわ焼き

時間はかかるけど楽ちん!
野菜と一緒に食べたら止まらない!

【材料（1〜2人分）】
鶏もも肉…1 枚（250g）
バルサミコ風酢…大さじ 1 〜 2
塩・こしょう…適量

【つくり方】
①鶏肉を大きめに切り、塩・こしょうをふって、皮を下にしてフライパンに敷き詰める。
②フライパンを弱火にかけて、鶏肉の表面が白っぽくなるまで 20 分くらい焼く。
③鶏肉を裏返して 5 分くらい加熱し、余分な油をキッチンペーパーで拭き取る。バルサミコ風酢をふりかけて中強火にして上下を返してからめて、汁気がなくなるまで焼く。

※肉から脂が出てきたあたりで、にんじんなどを加えて一緒にじわじわ焼いてもおいしいです。

ツナきのこマリネ

しっかり焼いたきのこの旨味と
ほどよい酸味が赤ワインに合う!

【材料（2人分）】
椎茸・エリンギ・しめじなど…300g
にんにく…1 〜 2 片
塩…少々
A 赤ワインビネガー…大さじ 1
　粒マスタード…小さじ 2
　ツナ缶…1 缶（70g）
　塩麹（P101）…小さじ 1
オリーブ油…適量

【つくり方】
①椎茸は石突きを切り落とし、半分〜 1/4 くらいの大きさに切る。エリンギは 2cm 幅の輪切りにする。しめじは石突きを切り落とし、2 〜 4 本ずつに割いておく。にんにくは薄切りにする。
②ボウルにAを入れてよく混ぜておく。
③フライパンを中火で熱してオリーブ油をひき、①のきのこを入れ塩をふり、なるべく動かさないようにして両面をしっかり焼く。
④焼き色がついたらにんにくを入れて炒め合わせ、②のボウルに入れて和える。

台湾・ソウルの発酵旅にハマる

◎ツボとカッパの飲んだくれ旅行

年に一、二回、台湾やソウルを旅行します。簡単な情報だけをメモし、Wi-Fiも持たずにひたすら炎天下を歩き回ったりするので、いつも「もっと下調べしておけば良かった」と思うけれど、その反面、面白い発見があったりするので、やっぱりこのような気ままな旅はやめられません。

そして旅の際には、私は必ず「臭豆腐を食べる」「泡菜用の壺を探す」というような、発酵に関わる目標をいくつか用意します。カッパの目標は「保力達（※1）という酒を探す」「ソウルの角打ちで飲む」など大抵お酒に関係するものばかりですが、お互いの目標を話し合い、それを達成するのもまた旅の楽しみです。

◎台湾で臭豆腐を食べる

台湾の発酵食品といえば臭豆腐。名の通り強烈な香りですが、慣れるとクセになるといいます。それなら「ぜひ食べたい！」と、夜市の屋台へ向かいました。台湾の屋台では、お酒は持ち込みなのが基本。コンビニで台湾ビールと米焼酎を手に入れ、そこに、探し回ってやっと見つけた保力達を混ぜた酒をお供に、いざ実食！

「臭いけど、これは発酵による匂い。揚げたてサクサクの厚揚げのようでおいしい！ 保力達ビールに合う！」と、大喜びで飲んで食べていたら、屋台のおじさんに大きな笑みで「最高！」と日本語でお褒めの言葉をいただきました。日本人で臭豆腐に抵抗がなく、さらに保力達ビール（焼酎）を飲む人は珍しいそうです。

◎泡菜用の壺を探す旅

中国四川省には泡菜（ぱおつぁい）用の壺（※2）があるらしい。その発酵用の壺の構造の素晴らしさに感動し、手に入れたいと思ったのですが、四川省はちと遠い。もしかしたら台湾に売っているか

もしれないと思い、台北から電車で30分の鶯歌(いんがー)という陶器街を訪ねてみました。

しかし、様々な壺が並んではいるのですが、目当ての壺はなかなかありません。見つけた!と思っても、子供が入れそうなくらいの大きさだったり……。ずいぶん歩き回って、やっっっと発見! それを根性で日本へ持ち帰り、さっそく泡菜をつくったところ、予想通り発酵するとぷくぷくと泡が出るとてもかわいい奴。あまりにもかわいいので、この本に登場するツボちゃんのモデルになってもらいました。

◎ソウルでホンオフェを食べる

ホンオフェとは発酵したエイの刺身で、強烈なアンモニア臭を放つ「世界くさいものランキング二位(※3)」に輝くという代物です。食べさせてくれるお店はすぐに見つかったのですが、問題はその量。マッコリと一緒にちょっと食べたらおいしいのですが、たくさんは食べられません。「ゆでた豚肉と一緒に食べると美味」と本で読んだので、追加でゆで豚を頼んでみると、これまた量が多い。しかも豚肉と一緒に食べても、どうしてもホンオフェの味が勝ってしまうのです。つまみもたくさん出てきて、食べ物を残すのは嫌だったのですが仕方がなく、下手な韓国語で「おいしかったです」と伝え、半分以上残してしまいました。ごめんなさい。

◎ソウルでマッコリ用の麹を発見

ソウルの千戸洞(ちょのどん)にある古い市場を歩いていると、円盤状に固めた穀物の塊を発見。もしや……と思い「マッコリ(用の)麹(ヌルク)

ですか？」と尋ねると「そうだ」と言うので喜んで購入しました。想像以上にずっしり重かったのですが、これまた根性で抱えて仁川空港へ。手荷物検査で若い人に「これは何だ？」と言われたので「マッコリ、麹（ヌルク）」と答えると訝しげな顔をして先輩らしき人に尋ねに行きました。先輩らしき人はヌルクを見て苦笑。「OK！ OK！」と言いながら通してくれました。若い人は知らなかったのかもしれません。

ソウルの知り合いにマッコリの作り方を教えてもらったのですが、日本では違法なのでつくってはいません。きっと度数が高い、シュワシュワなマッコリができる気がしますが……。

※1　保力達（パオリーダー）とは労働者御用達の健康ドリンクのような酒。そのまま飲んでもいいが、度数が低いのでビールや焼酎に足して飲む。

※2　泡菜とは中国・四川省の漬物。泡菜用の壺は、壺の縁に溝があってそこに水を張ると、外から空気が入らず、中から泡菜の発酵したガスがぷくぷくと出て、壺内の空気が薄くなる仕組み。

※3　1位はスウェーデンの発酵したニシンの缶詰「シュールストレミング」。

※最初はびっくりしたけど、味はとてもおいしくて完食しました。

4

発酵調味料を使ったおつまみと
りんごで冬支度

酒場のつまみは個性豊かでおもしろい

お通しいろいろ

衝撃でした

カニカマボコ3本!!
案外イケます♪

おいしいのかどうか
いったい何が入っているのかよくわからない
残りもの的な煮物!!

シンプル!!

卵焼き一切れ

冷や奴いろいろ
揚げ玉、ネギ、削り節
みょうが、しょうが、大葉、削り節
たぬき奴
薬味もりもり奴
奴じゃないけど……
厚揚げを切って
だいこんおろしと
しょうがをのせる刺身豆腐
かかってるタレがまた
おいしいのよ

ニラ玉いろいろ
定番!!
しっかり味の
しっとり系
けっこう好き
オムレツ系
こうきたか!!
ゆでニラの上に
温泉卵

ツボも感化されて
いろんな調味料やたれで
つまみをつくるけど
うーんボクは
からしだけでいい……
えーっ
山盛りキャベツ
から揚げ(市販品)の
たれつくったよ!!

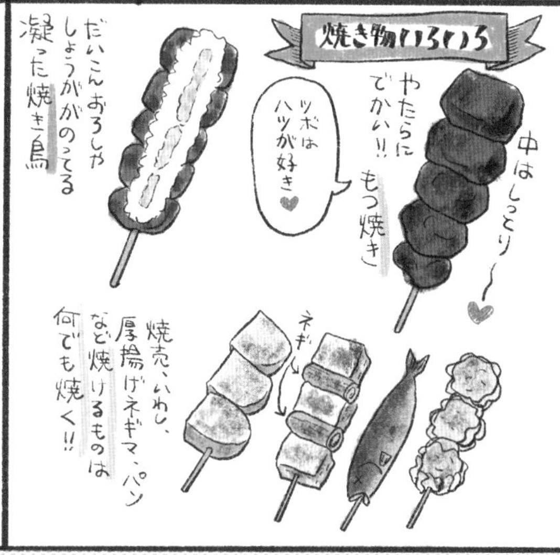
焼き物いろいろ
だいこんおろしや
しょうががのってる
凝った焼き鳥
ツボは
ハツが好き
やたらに
でかい!!
もつ焼き
中はしっとり～
焼売、いわし、
厚揚げネギマ、パン
など焼けるものは
何でも焼く!!
ネギ

ボクは普通の醤油とか
マヨネーズが良いので
まったく
めんどうくさい!!
削り節
醤油麹
おろし
しょうが
ネギ
ごま油
ツボ用冷や奴
削り節
醤油
おろし
しょうが
ネギ
ボク用冷や奴
好きに食べれば
いいでしょー
ツボはわざわざ皿を
分けて出したりします

麹を使った

発酵調味料とドリンク

**もはや定番の塩麹から豆板醤やハトムギ甘酒まで。
発酵調味料を常備しておけば、いつもの食材が簡単においしい一品に。
忙しいときには、発酵系ドリンクで手軽にエネルギーチャージ出来ます**

醤油麹

**おいしさの5大要素が詰まった醤油に
さらに麹の甘味と旨味を足しました**

【材料（つくりやすい分量）】

麹…50ｇ
醤油…150㎖

にんにくとしょうがを
粗みじん切りにしたものを
混ぜてもおいしい！

【つくり方】

①麹は塊であれば手でほぐして清潔な瓶に入れ、醤油を注いで混ぜ常温に置く。

②ときどき混ぜ、２～３日して米の芯がほとんどなくなったら使いはじめる。冷蔵庫で保存する。

塩麹

**肉や魚にまぶして焼いたり、
野菜に和えれば漬物にもなる、
便利すぎる発酵調味料**

【材料（つくりやすい分量）】

麹…200ｇ
塩…60g
水…250mℓ

【つくり方】

①麹は塊であれば手でほぐしてボウルにあけ、塩を混ぜる。

②①を清潔な容器に入れ、水を注いで軽く混ぜ、ゆるくふたをする。発酵すると炭酸ガスを出すので、容器は材料の容量より大きめのものを使う。

③常温で保存し、１～３日に１回の頻度で混ぜる。１～３日目は水分が少なくて心配になるが、時間が経つと麹が液化し、しっとりとしてくる。

④１～２週間して（夏は早く、冬は遅い）、見た目がしっとりとし、良い香りがしたら一粒口に含み、米の芯がほとんどなくなっていたら完成。常温で保存可能だが、真夏などは冷蔵庫で保存した方が安心。半年くらいで使い切ると良い。

※発酵が進むと淡いベージュ色になり、米粒も溶けていきます。米粒と液体が分離するので、ときどき混ぜます。
※早く完成させたい場合は、甘酒（P104）と同じように保温すると15時間くらいで出来上がります。

麹豆板醤

味は本格派!
そら豆と米麹を使った簡単豆板醤

【材料(つくりやすい分量)**】**

そら豆…(ゆでて皮をむいたもの)100ｇ
粉とうがらし(韓国産)…30ｇ
麹…30ｇ
塩…20ｇ

【つくり方】

①麹は塊なら手でほぐす。すべての材料をジッパー付き保存袋に入れて、外側から手で揉み込む。
②全体が混ざり合ってペースト状になったら、ジッパー付き保存袋の中の空気を抜いて平らにし、口を閉じる。
③冷暗所(真夏なら野菜室など)で保存し、1ヶ月後から使えるが、1年以上保存するとさらにおいしくなる。発酵・熟成中は、たまに様子を見て、保存袋を揉み込み、中身を混ぜる。

麹スイート チリソース風

あれば食卓の気分が変わる
チリと麹の融合たれ

【材料(つくりやすい分量)**】**

塩麹(P101)…大さじ5(100g)
酢…大さじ2(30g)
はちみつ…大さじ4(85g)
粉とうがらし…小さじ1

【つくり方】

①すべての材料をよく混ぜ合わせ、清潔な容器に入れる。
②冷蔵庫で一晩置いて味を馴染ませる。

カリカリに焼いた厚揚げにかけて
パクチーを添えたり、
焼きなすにかけてもおいしい!
ナンプラーを少し加えてエスニックな
風味をプラスしても

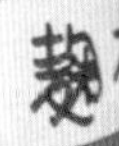

麹スイートチリソース風

麹豆板醤

麹豆板醤は、チャーハンや炒め物の味付けにはもちろん、我が家ではよく、麹豆板醤とみそとマヨネーズを混ぜたものを、スティック野菜につけて食べています。

酒塩麹

**にんにくとしょうが、麹の旨味が
たっぷり詰まった便利調味料!**

【材料（つくりやすい分量）**】**

麹…30 g
にんにく…1/2 玉（20 ～ 30 g）
しょうが…1/2 袋（20 ～ 30 g）
塩…大さじ 1
日本酒…200㎖

【つくり方】

① 清潔な容器に塩と日本酒を入れてよく混ぜ、塩を溶かす。

② にんにくとしょうがをきざみ（粗くてもOK）、麹とともに①の容器に入れてよく混ぜる。2 ～ 3 日して米の芯がほとんどなくなっていたら使いはじめる。冷蔵庫で保存する。

カッパのモデル
佐賀・松浦漬けの容器です。
酒のアテに最高!!

簡単な炒めものや卵焼きの調味はこれだけでOK!

泡菜とは、野菜をしょうが・とうがらし・花椒などとともに塩水に漬けてつくる中国・四川省の漬物。松浦漬けとは、鯨の軟骨を刻み、水にさらして脂を抜き、酒粕に漬けた珍味。

酒塩麹

ハトムギ甘酒

**毎日飲んでもまったく飲み飽きない
"美人になる"ドリンクです!**

【材料(つくりやすい分量)】

麹…100g

ハトムギ…50mℓ

水…500mℓ

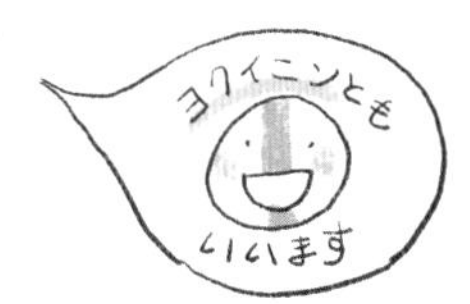

【つくり方】

①ハトムギをさっと洗い、水とともに鍋に入れてゆでる。圧力鍋なら圧力がかかってから10分くらいゆでてそのまま冷ます。普通の鍋なら数時間浸水させたあと、やわらかくなるまで30～40分煮る。炊飯器の玄米モードで炊いても良い(※1)。

② 60°Cまで冷まし、麹をほぐしながら加えて混ぜる。麹がふっくらとやわらかくなったらミキサーにかける(※2)。

③甘酒づくりと同様に、炊飯器などで8時間保温したら完成(甘酒のつくり方③参照)。2回目につくる際は、この工程で前回つくった残りのハトムギ甘酒を加えたら、常温に置いておくだけで発酵するので、保温の必要はない。

④容器に7分目くらいまで入れて(※3)ふたをゆるく締め、冷蔵庫で保存する。

※1　炊飯器によっては水分が少なくなるので、あまりにどろっとしていたら水を100mℓほど加える。
※2　そのままでも良いが、ハトムギは粒が大きくて飲みづらいので粉砕した方が良い。
※3　甘酒よりもシュワシュワと発酵しやすいので瓶などに入れないように注意!

甘酒

**豆乳や炭酸などで割って飲んだり
調味料や漬け床としても活躍します**

【材料(つくりやすい分量)】

米…1合(150g)

麹…200g

水…500mℓ

【つくり方】

①米をといで炊飯器に入れ、分量の水で1時間浸水させ、おかゆを炊く(※1)。

② 60°Cまで冷まし、麹をほぐしながら加えて混ぜる。

③炊飯器のふたを開けたままふきんをのせ、ときどき混ぜながら8～10時間保温する(※2)。出来上がったら冷蔵庫で保存する。

※1　おかゆモードがなければ土鍋などで炊いても。
※2　炊飯器がなければ、保温ができるポットや鍋などを利用します。鍋でつくる場合は、バスタオルなどで包み、こたつなどに入れて保温します。

調味やちょっとした料理に使用するには、甘酒をジッパー付き保存袋に入れ、バットなどに載せて板状に冷凍して、必要な分を折って使うと便利です。

甘酒は「飲む点滴」といわれ、体内へのビタミンの吸収率は90%！　天然の総合ビタミンドリンク剤です。

発酵調味料を使ったおいしい小料理とおつまみ

ツボ食堂 壺

ツボ食堂、開店しました!
地味だけどしみじみおいしいおかずとおつまみ。
どれも手軽に簡単につくれる我が家の定番です

発酵來福

にんじん白和え 塩麹

【材料】

にんじん …1 本（200g）
豆腐（もめん）…1/2 丁
すりごま…大さじ 1 ～ 2
A みりん…小さじ 2
　塩麹（P101）…大さじ 1
　醤油…小さじ 1
　水…大さじ 2

【つくり方】

①にんじんは千切りにする。豆腐は厚めのクッキングペーパー（またはふきん）に包み、手でおさえて水分をしっかりと絞り、ボウルに入れ、すりごまを混ぜる。
②鍋に A を入れて中火にかけ、沸騰したらにんじんを入れ、水分がなくなるまで混ぜながら煮る。
③②を①のボウルに入れて和える。

にんじんしりしり器を使って切れば楽ちん!

専用のしりしり器が、一家に一台あるとにんじんがもっと身近に使えます！　まな板にぴったりくっつけて動かないようにしてしりしりするとやりやすいです。

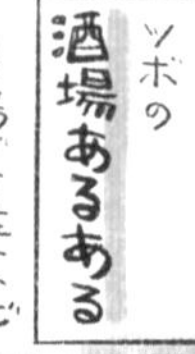

酒場で女性一人で飲んでると隣の人に声をかけられやすい!!

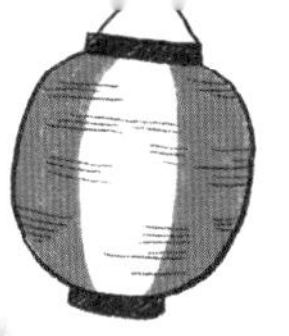

ピーマンとえのきたけ煮

塩麹

【材料】

ピーマン…4 ～ 5 個（130 ～ 150g）
えのきたけ…1 袋（200g）
Ⓐ 塩麹（P101）…小さじ 1
　オイスターソース…小さじ 1
　ゆかりしそ（P68）…小さじ 1
　水…50mℓ

【つくり方】

①ピーマンは縦半分に切って種を取り除き、千切りにする。えのきたけは石突きを切り落とし、半分に切ってほぐす。
②鍋にⒶを入れて中火にかけ、①を加えて、水分がほぼなくなるまで混ぜながら煮る。

巾着たまご

醤油麹

【材料】

油揚げ…1 枚
卵…2 個
Ⓐ 醤油麹（P100）…大さじ 1
　みりん…大さじ 1
　酒…大さじ 1
　水…60mℓ

【つくり方】

①油揚げをキッチンペーパーで挟んでまな板の上に置き、菜箸をその上でコロコロ転がし、袋の口を開きやすくする（油抜きの効果も）。半分に切り、袋状にしておく。
②卵 1 個を器に割り入れる。①の半分を右図のようにコップに入れ、卵を流し入れて口を爪楊枝でとめる。同じものをもう一個つくる。
③鍋にⒶを入れて中火にかけ、沸騰したら②を入れ、表裏を返しながら中弱火で 10 分煮る（途中で水気がなくなったら、水を少し足す）。

 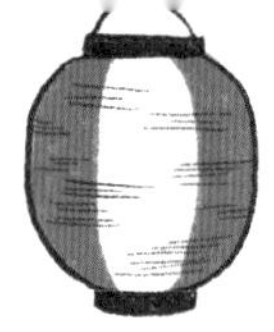 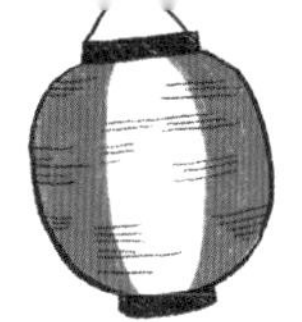 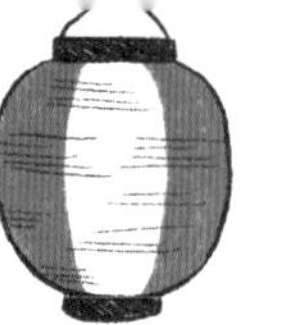  

切り干しだいこん卵焼き 塩麹

【材料】

切り干しだいこん…15g
卵…3 個
A 水…100mℓ
　塩麹（P101）…小さじ 2
油…適量

【つくり方】

①Aをよく混ぜ、サッと洗った切り干しだいこんを加えて 20 分くらい戻し、軽く絞って 2cm 長さに切る。戻し汁は捨てないでおく。
②鍋に①の切り干しだいこんと戻し汁を入れ、水分がほとんどなくなるまで混ぜながら煮る。
③ボウルに卵を割りほぐし、②を入れて混ぜる。
④フライパンを中火にかけて油をひき③を流し入れ、最初は大きくゆっくり混ぜ、しばらく弱火で焼く。しっかり固まってきたら皿などで返し、裏面も焼く。食べやすいように一口大に切る。

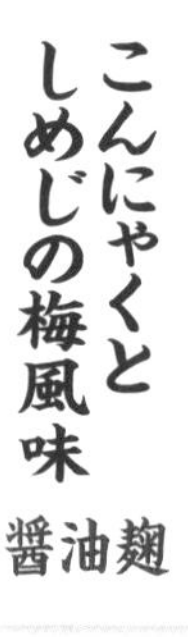

【材料】

こんにゃく…1 枚（小さめ 200g くらい）
しめじ…1 パック（大きめ 200g くらい）
梅干し（P66）…1 ～ 2 個
A 醤油麹（P100）…小さじ 1
　酒…大さじ 1

【つくり方】

①こんにゃくは半分の厚みに切り、しめじの軸くらいの短冊切りにし、熱湯で 2 ～ 3 分ゆでてアク抜きをする。しめじは石突きを切り落とし小房に分ける。梅干しは種を取り除き、刻んでおく。
②鍋にこんにゃくを入れて乾煎りし、キューキューと音がなって表面が乾いたら、しめじとよく混ぜ合わせたAを加え、しめじがしんなりして水分がほぼなくなるまで混ぜながら煮る。火を消し、梅干しと和える。

  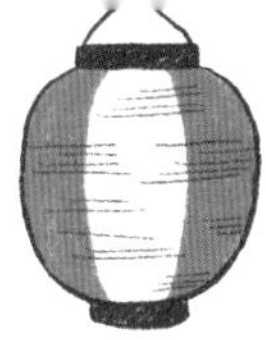  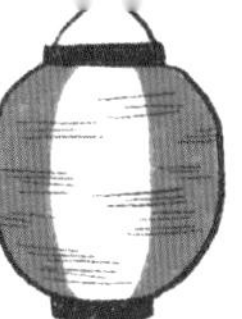 

さっぱりなす焼き

醤油麹

【材料】

なす…1～2本（160g）
ごま油…適量
A 醤油麹（P100）…小さじ1
　酢…小さじ2
　おろししょうが…適量
削り節、ネギ…適量

【つくり方】

①なすのヘタを切り落とし縞模様に皮をむき、1cm厚さの半月切りにする。水にさらしてアクを抜き、水気をきっておく。
②耐熱皿に①を敷き詰め、ごま油を回しかけ、トースターで10分焼く。
③焼けたらAを回しかけ、削り節とネギをちらす。

そのまま食べても、
ご飯やうどんやそばに
のせてもおいしい！

椎茸うま煮

醤油麹

【材料】

椎茸…1パック（100g）
A 醤油麹（P100）…大さじ1
　みりん…小さじ2
　水…150mℓ

【つくり方】

①椎茸は軸を切り落とす（一緒に煮てもよい）。
②鍋に①とAを入れて中弱火にかけ、落としぶたをして10分煮る。
③ふたを外して、ときどき上下を返しながら汁気がなくなるまでもう10分くらい煮る。

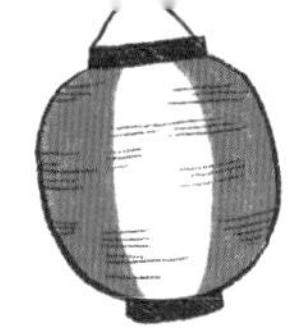
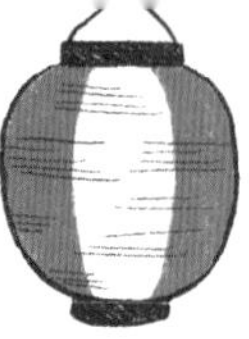

きつねチーズ焼き

酒塩麹

【材料】

油揚げ…1 枚
酒塩麹（P103）…小さじ 1 と 1/2
ピザ用チーズ…たっぷりがおいしい
黒こしょう…少々
ネギ…適量

【つくり方】

①油揚げはペーパータオルで軽くおさえて油抜きし、8 等分に切る。
②アルミホイルに切った油揚げをのせ、酒塩麹を全体にかけ、ピザ用チーズをちらし、トースターで 5 分焼く。黒こしょうをひき、ネギをちらす。

ハムたまご

酒塩麹

【材料】

ハム（丸いもの）…1 枚
卵…1 個
酒塩麹（P103）…小さじ 1/2
黒こしょう…少々

【つくり方】

①ハムを 4 等分に切る。耐熱の小皿を水でサッとくぐらせ、ハムを並べる。
②卵を①に割り入れ、箸で黄身に数カ所穴を開け、酒塩麹をかける（ハムに穴を開けないように注意!）。
③電子レンジで 40 ～ 50 秒加熱し、黒こしょうをひく。

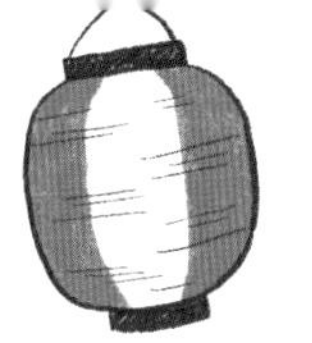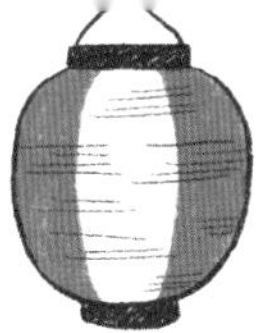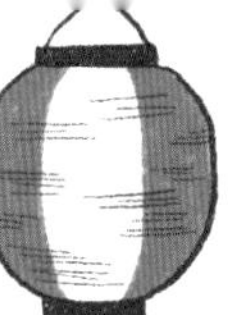

ピーマンともやし炒め

酒塩麹

【材料】

ピーマン…3 個（100g くらい）
もやし…1 袋（200 ～ 250g）
Ａ 酒塩麹（P103）…大さじ 1
　オイスターソース…小さじ 1
黒こしょう…少々
ごま油…適量

【つくり方】

①ピーマンは種とヘタを取って千切りにする。もやしは洗って水気を切る。
②フライパンを強火で熱してごま油をひき、ピーマンを炒める。
③ピーマンがしんなりしてきたら、もやし、よく混ぜたＡ、黒こしょうをひいて、サッと炒め合わせる。

にんにくの芽の卵炒め

酒塩麹

【材料】

にんにくの芽…1 束（4 本　70g くらい）
卵…2 個
Ａ 酒塩麹（P103）…小さじ 2
　オイスターソース…小さじ 1
油…適量

【つくり方】

①にんにくの芽は硬い部分を切り落とし、4 ～ 5cm 長さに切る。卵は割りほぐしておく。Ａを混ぜ、半分を卵に加え、混ぜておく。
②フライパンを中火で熱して油をひき、卵を注ぎ入れてふんわりと大きく混ぜ、ある程度固まったら皿などに開ける。
③同じフライパンを中火で熱して油をひき、にんにくの芽を炒め、Ａの残りと卵を入れて炒め合わせる。

甘酒サキイカ

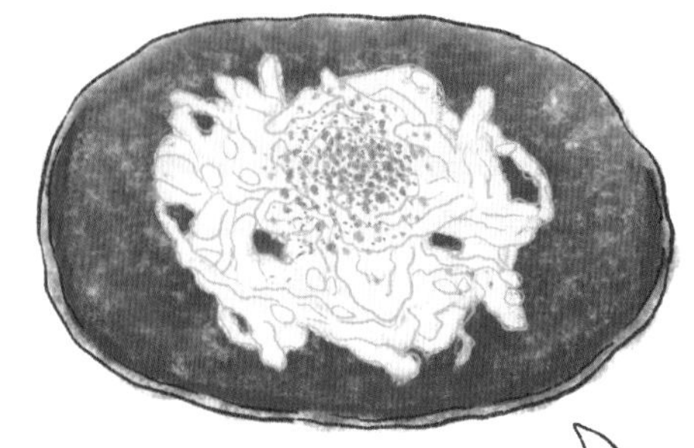

しっとりして
甘じょっぱくて
ピリ辛!!

【材料（つくりやすい分量）】

サキイカ（※）…30g
甘酒（P104）…大さじ2
一味とうがらし…適量

【つくり方】

①密閉容器にサキイカと甘酒を入れてよく混ぜる。
②ふたをして、冷蔵庫で1～2日冷やしておく。食べるときに一味とうがらしをふる。

※おつまみとして売ってるものです

甘酒カレー卵

【材料（4個分）】

のんびりゆで卵（P48）…4個
Ⓐ甘酒（P104）…大さじ1
　塩…小さじ1
　カレー粉…小さじ1/2

【つくり方】

①ビニール袋にⒶを入れ、手で揉みながら混ぜる。
②ゆで卵を①に入れてⒶを全体にまぶし、空気を抜いて口を閉じ、冷蔵庫で1～2日冷やしておく。

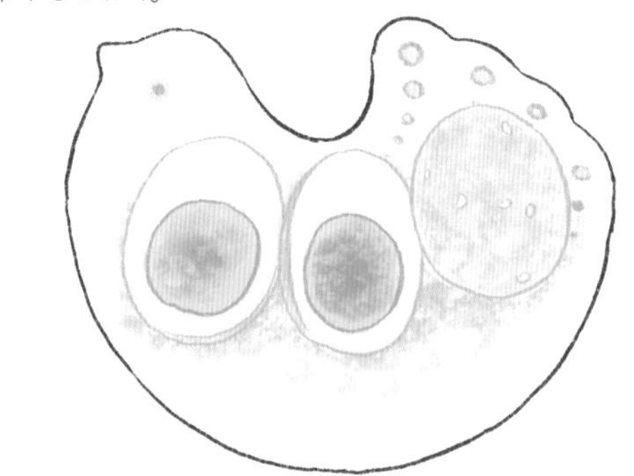

鶏レバーのクミン炒め

【つくり方】

①鶏レバーを一口大に切り、流水で血の塊を流して水気をきり、ビニール袋に入れる。よく混ぜたⒶを揉み込んで冷蔵庫で1～2日冷やしておく。
②フライパンを中火で熱し、油をひいてクミンシードを加え、パチパチ音がしたら①を入れて炒める。

※しょうがとにんにくはチューブのものでも。好みでパクチーを添えるのもおすすめ。

【材料（つくりやすい分量）】

鶏レバー…200g
Ⓐ塩麹（P101）…大さじ1
　おろししょうが…1/2片
　おろしにんにく…1/2片
クミンシード…小さじ1
油…適量

銭湯にハマる

◎私の小さな幸せ、銭湯

冷え性なので、私の冬の手足はいつも氷のように冷たい。だからコートを着込み、カッパと一緒に銭湯へ行くのが冬の日課になっています。

冷え切った足を湯煎につけると、じわじわと氷が溶けるように復活していきます。汚れを全部洗い流し、身体中に血が巡り、汗もたくさんかきます。温まった風呂上りの身体にコートを着て、外でカッパと待ち合わせ。いつもの食堂へ行き、チューハイを注文します。お風呂上がりに飲む、冷たいチューハイのおいしさといったらありません。すごく寒い日なら、熱燗をきゅーっとやるのもいいですね。村上春樹さんのエッセイで「小確幸（小さいけど確実な幸せ）」という言葉をみつけたとき、まさにこのことだと思いました。

◎頭と身体と心の凝りをほぐすべし！

デスクワークで頭も身体もコリコリに固まり、寝ても休んでも取れない疲れ。そんなときには、銭湯に行くことをおすすめします。銭湯のお湯に浸かると、身体から疲れや凝りがじわじわとお湯に溶け出していきます。おまけに気持ちまでもゆったりと豊かになるのです。この快感から、私は週に一度は銭湯に行かないとダメな身体になってしまいました。

そして、さらに癒されるのは常連のお姉さま達です。私が住んでいる下町では、いまでも背中の流し合いをする習慣が残っていて、お友達が身体を洗おうとすると「待ってました！」とばかりに後ろについて背中を流します。もちろん、その逆も。「いいわよいいわよ」と言いながらとっても楽しそうです。

みなさん、きっと家にはお風呂があるのでしょう。でも、脱衣所でいつものお友達と「まったくあの人は甘いんだよ！　あんみつじゃないんだからさ！」などと言いながら笑い合い（私も吹き出してしまった）、背中を流し合い、湯で温まり疲れも取れるこの場所は、家で入る一人の風呂より何倍も楽しいのではないでしょうか。

私も、お姉さま達の年齢になっても、ずっと銭湯に通いたいと思っています。

下町銭湯あるある1

イスを使わずに、床に直接座っている。

シャワーの下に座ってシャワーを浴びてる。

歳を重ねるとひざを曲げるのが痛いので、ひざを伸ばした状態で立ち上がる。

謎の道具を持っている。はちみつが入っていた容器に謎の液体を入れていたりなど。

靴箱の鍵をなくしがちで、いつも探している。

子連れの人が来たら、子供をあやしてあげる（お母さんはその間に自分の支度が出来る）。

銭湯で健康になる!?

【温熱作用】身体が温まると血管が広がり、血行が良くなる!(冷え性なので助かる〜)

【静水圧作用】水圧が血行を促進し、むくみの解消につながる。

【浮力作用】浮力によって身体が軽くなり、リラ〜ックス〜!

【清浄作用】肌の汚れを流し、気分もリフレッシュ!

【蒸気・香り作用】蒸気で鼻や口の粘膜を潤して免疫力低下を防いで、香りで自律神経が整う!

【開放・密室効果】広い場所で裸になって足をのばして入る風呂の開放感たるや!

りんご編
ツボが子供の頃、ツボおかんはりんごやなしを箱買いしていた
お菓子やジュースは少なかったけど果物はいつもあった
わあい!!
子ツボ
お母さんりんごむいて〜
教えてあげるから自分でむきなさい
むくのがめんどうくさい
ツボおかんはツボにむき方を教えて
これでいつでもりんごが食べられる
むずかしいけど楽しいね
果物ナイフの刃は自分の方に向けるのよ
これでもうこの子は自分でむいてくれる
互いに思うツボ
上手くむけるようになったツボは
途中で皮が切れないように上手にむく!!
いつでもおいしいりんごを食べられるようになった
まな板も使わずむいて台所で直食べ!!

ツボおかんはいまでもりんごを箱買いしてボクたちにも送ってくれる
産地直送小粒りんご!!
めっちゃフレッシュ!!
ツボおかんありがと
なんだ酒じゃないんだ……
りんご祭りや――っ
りんごが届くとツボは何かを叫びながらずっと台所で作業してます
わっしょい!!
わっしょい!!
わっしょい!!
わっしょい!!
わっしょい!!
わっしょい!!
わっしょい!!
りんご酒
りんごの発酵シロップ
皮や芯もとりあえず発酵させてみる
むきりんご
りんご臭がすごいね
ボクは正直りんごに興味がないけど
果物すべてに興味なし
知らんうちに食べて(飲んで)るらしい
なーんも知らんと幸せなカッパや……
ぷふっ
りんごの発酵シロップの美人になるドリンク飲んどる……
くぴっ

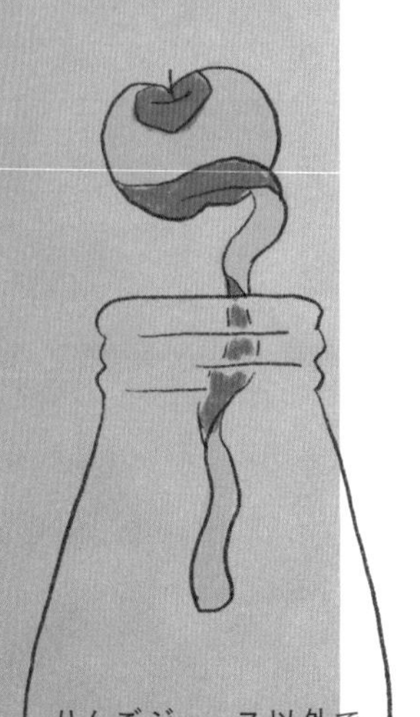

りんごソーダ

**りんごの皮についている酵母菌の力で
りんごジュースを発泡させます**

【材料（つくりやすい分量）**】**

果汁 100%のりんごジュース…500mℓ
りんごの皮と芯…1 個分

【つくり方】

①炭酸用のペットボトル（1ℓくらいのもの）にりんごジュースを入れる。
②りんごをよく洗い、皮と芯を押し入れ、ゆるくふたをして、暖かい部屋であれば数時間、寒ければ数日置いておく。発酵しすぎるとあふれ出すことがあるので、材料を入れるのはペットボトルの7分目くらいまでに。ふたをあけて「シュワッ」と音がすれば完成。冷蔵庫で保存する。

※ペットボトルがカチカチに硬くなっていたら、吹き出す恐れがあるので、ふたを少しずつゆるめ、ガスを抜きながら開けます。また、ガラス瓶でつくる場合は、同じく材料は7分目くらいまでにとどめ、ふたをゆるくするか、布などでふたをし、輪ゴムでとめてください。

りんごジュース以外でも、果汁100%のみかん、ぶどう、グレープフルーツジュース、または乳酸飲料などに、りんごの皮と芯を入れれば、発泡した手づくりソーダをつくることができます。

炭酸

下の方に粉のように沈むのは生きた酵母菌です。少し残っているところにりんごジュースを注げば何度も繰り返しりんごソーダがつくれます。

おまけ〈福〉解説 **りんごの洗い方**

りんごを皮ごと使う場合は、農薬やワックスを取り除くためによく洗いましょう

りんごは水1リットルにつき大さじ4くらいの重曹を加えた重曹水でスポンジなどを使って洗い、流水で流して水気をきって使います。

発酵が進みすぎると甘みが消え、お酒や酢になるので早めに飲み切ります。
日本では自家製酒の製造は禁止されています。

りんごの皮がなければ代わりに、ジュースにドライイースト0.3〜1gを入れてもつくれます。

りんご酢

りんごジュースから酢をつくります。
やさしい酸味の、飲みやすい酢になります

【材料(つくりやすい分量)**】**

果汁100%のりんごジュース…500mℓ
りんごの皮と芯…1個分
柿酢(P86)または市販の酢…大さじ1

【つくり方】

①りんごジュースを口が広い清潔な瓶に注ぎ(7分目以下にとどめる)、よく洗ったりんごの皮と芯を入れ、口を布やキッチンペーパーでふたをして輪ゴムでとめる。
②常温に置いて1日1回混ぜていると、表面に細かい気泡が出てくる。発酵が少し落ち着いたら皮や芯を取り除き、柿酢または市販の酢を加える(※1)。
③2～4週間たって、酸っぱい香りがしたら味見をし、酸味が出ていたら密閉できる瓶に移し替え、冷暗所で保存する。(※2)

※1　味見をしてみて、すでに酸味が出ていれば、柿酢を加えなくても酢になります。
※2　発酵を止める場合は、水を入れた鍋に瓶を入れて中火にかけ、65～70°C(酢の温度)で10分ほど湯せんします。

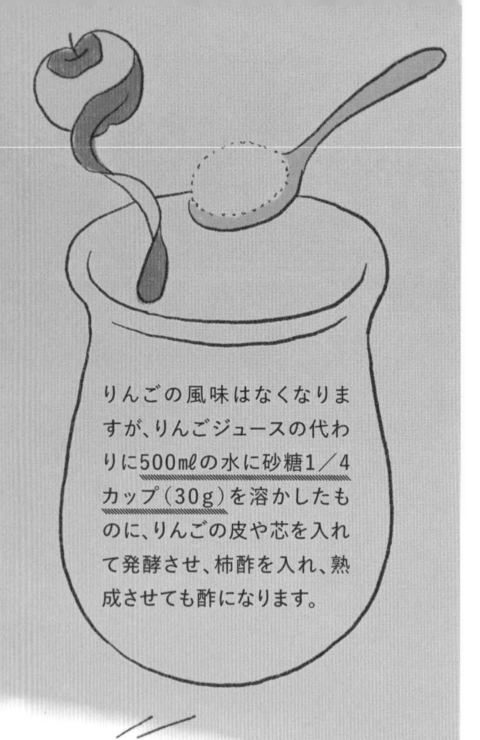

りんごの風味はなくなりますが、りんごジュースの代わりに500mℓの水に砂糖1/4カップ(30g)を溶かしたものに、りんごの皮や芯を入れて発酵させ、柿酢を入れ、熟成させても酢になります。

りんごの皮がなければ代わりに、ジュースにドライイースト0.3～1gを入れてもつくれます。

最初は少ない気泡が、だんだんぶくぶくしてきます。

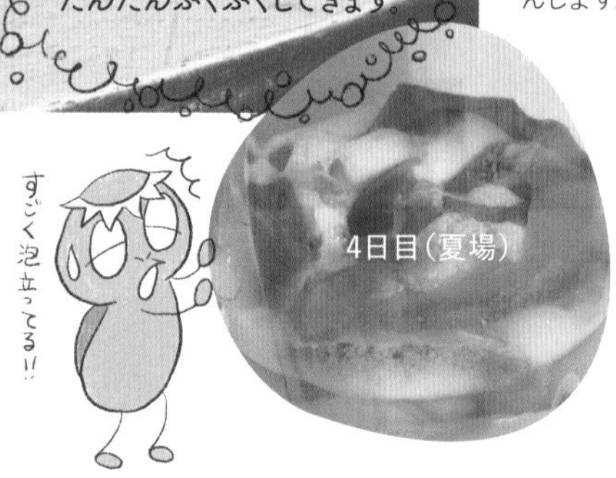

休肝日には炭酸で割って氷を入れて飲んでいます。ほんのちょっと、レモンサワーを飲んでるような気分!?

ひよこ豆ピクルス

砂糖を使わずレーズンで甘みを加えた
やさしい酸味のピクルスです

【材料】

ひよこ豆水煮（※）…100 g

パプリカ（黄色）…1 個

きゅうり…1 本

レーズン…50 g

塩麹（P101）…大さじ 1 と 1/2

りんご酢…75mℓ

水…75mℓ

赤とうがらし…1 本（種は抜く）

【つくり方】

①パプリカは種とヘタを取り、きゅうりは縞模様に皮をむき、それぞれ 1cm角に切る。

②すべての材料を容器に入れて冷蔵庫に保存し、ときどき天地を返しながら 30 分～ 1 晩置いて出来上がり。

※乾物のひよこ豆を使う場合は、50gの豆をゆでて使用します。

りんご酢ミルク

りんご酢に牛乳を混ぜるだけでつくれる
ヨーグルト風ドリンク

【材料（1杯分）**】**

牛乳…150mℓ

りんご酢…大さじ 1

発酵シロップ（P18）…小さじ 2

【つくり方】

①すべての材料をグラスに入れてよく混ぜる。

※発酵シロップがなければ、代わりにはちみつや砂糖を加えても。

ささみとごぼうの酢漬け

さっぱりした味のサラダ。マヨネーズとともにホットサンドやサンドイッチにしても

【材料（つくりやすい分量）】

ささみ…3 本（120g）
ごぼう（※）…1/2 本（100g）
Ⓐ りんご酢…大さじ 1
　甘酒（P104）…大さじ 1（20g）
　塩…小さじ 1/2
黒こしょう…適量

【つくり方】

①ささみを耐熱容器に入れ、塩少々と酒少々を加えて（分量外）ふんわりとラップをし、電子レンジで 1 分加熱し、裏返して 30 秒～1 分加熱してそのまま冷ます。冷めたら食べやすい大きさに手で割く。
②ごぼうは縦半分に切ったあと、斜め薄切りにし、塩少々（分量外）を入れたお湯でやわらかくなるまで 1 ～ 2 分ゆでて冷ます。
③Ⓐをよく混ぜて①と②を和えて器に盛り、黒こしょうをひく。

※サラダごぼうや新ごぼうなど、アクが少ないものがおすすめです。

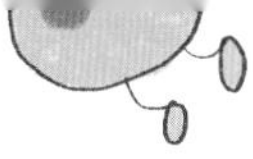

ピリ辛だいこん酢ナムル

辛すぎないやさしい味のナムル。箸休めにもなる一品

【材料（つくりやすい分量）】

だいこん…1/3 本（330g）
塩…小さじ 1/2
Ⓐ りんご酢…大さじ 1
　麹豆板醤（P102）…小さじ 1
　塩昆布…ひとつまみ（3g くらい）
　おろしにんにく…少々
　ごま油…小さじ 1 くらい

【つくり方】

①だいこんを 5㎜幅の細切りにし、塩とともにビニール袋に入れる。手でよく揉み、常温で 10 分置いた後、袋ごとだいこんを絞って水気を捨てる。
②Ⓐをよく混ぜ合わせ、①の袋に入れて揉み込む。空気を抜いて口を縛り、冷蔵庫で 30 分以上冷やして味を馴染ませる。

りんご酒

りんごのフレッシュなおいしさそのままのノンシュガー果実酒です

お好みでりんごの半分～同重量の氷砂糖を入れても。砂糖を入れた方が早く飲みごろを迎えます(1ヶ月くらいから)。

【材料(つくりやすい分量)】

りんご…数個

ホワイトリカー（35 度）…適量

【つくり方】

①りんごはよく洗い、ヘタの部分を取り除き、8 つ割りにする。芯や種は残したまま、清潔な瓶に 1/3 くらい入れる。

②瓶の 7 ～ 8 分目までホワイトリカーを注ぎ、ふたをする。全体が混ざるようにときどき揺すりながら冷暗所で半年以上置く。

おまけ福レシピ

干しりんご

【材料（つくりやすい分量）】

りんご…1個

【つくり方】

①りんごはよく洗い、薄く切ってザルなどに重ならないように並べ、天気の良い日に数日干す（夜は室内に入れる）。
②ほどよく乾いたら密閉容器に入れ、冷蔵庫で保存する。

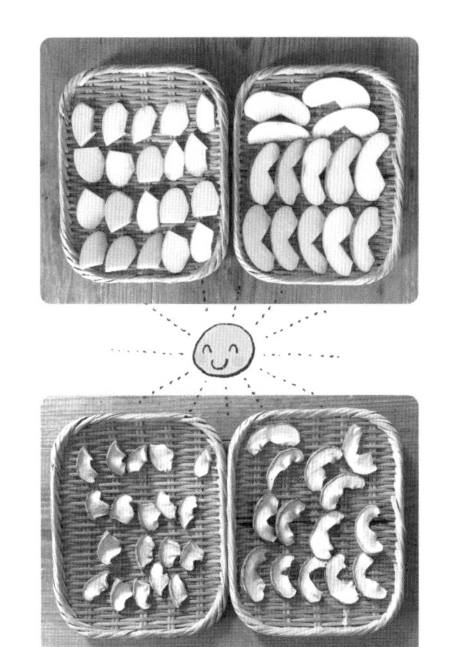

りんご水

【材料（つくりやすい分量）】

りんごの皮と芯…適量
水…適量

【つくり方】

①よく洗ったりんごの芯や皮を清潔な瓶に入れ、水を注ぎ、常温に置く。
②１～２日するとほんのり気泡が現れて、水の色が薄い黄色に変わり、りんご風味の水になる。出来上がったら冷蔵庫で保存し、早めに飲みきる。

おわりに

塩麹がブームになってから一〇年以上経ちますが、いまでも「塩麹や発酵食品をつくると、失敗しそうで不安」という言葉をよく耳にします。その度に、どう伝えたら不安なくつくれるのかを考えていて、本書では出来るかぎりわかりやすく、楽しく伝える工夫をし、レシピも簡単にしています。

人によっては難しく感じるものがあるかもしれませんが、どれかひとつでも「これなら私でも出来そう！」と思えるものがあれば、ぜひ実践していただければうれしいです。

ゼロから何かをつくりあげていく作業というのはとても困難ですが、うまくハマればとても楽しい作業になります。本書をつくる作業は、本当にわくわくして楽しい時間でした。

一年以上かけて、大好きな、才能あふれる人たちと、自分のすべてを詰め込んだ本がつくれるなんて、本当に幸せなことだと思います。

私たちのわくわくが、少しでも皆さまに伝わって、「発酵」が身近になり、健康で楽しい毎日を過ごせるきっかけになれば、こんなにうれしいことはありません。

本書に関わっていただいたすべての皆さま、そして菌ちゃんたちにも感謝いたします。

ありがとうございました。

おのみさ

参考文献

・『DVD付き 実はスゴイ!　大人のラジオ体操 』中村格子・著　秋山エリカ・監修(講談社)

・『ぷくぷく発酵するふしぎ』生活環境教育研究会・編(農山漁村文化協会)

・『発酵マニアの天然工房』きのこ・著(三五館)

・『身近なハーブ・野菜で からだ美人になる自然派レシピ』小林妙子、村上志緒・監修(家の光協会)

・『手作りの化粧水と美肌パック』折出恭子・監修(成美堂出版)

・『家庭でできる自然療法　誰でもできる食事と手当法』東城百合子・著(あなたと健康社)

・『NHK出版　からだのための食材大全』池上文雄、加藤光敏、河野博、三浦理代、山本謙治・監修(NHK出版)

・『ドクダミってすごい!—お肌ツルツル血液サラサラ』ヘルスメディ・著(総合法令出版)

・『食べて健康!よもぎパワー—ごはんからおかず・汁もの・おやつ・調味料まで』大城築 ・著(農山漁村文化協会)

・『薬草のちから: 野山に眠る、自然の癒し』新田理恵・著(晶文社)

・『病気にならない食と暮らし』本間真二郎・著(セブン&アイ出版)

・『発酵の技法—世界の発酵食品と発酵文化の探求』Sandor Ellix Katz・著　水原文・訳(オライリージャパン)

・『肥料と土つくりの絵本4 発酵肥料を生かそう』藤原俊六郎・監修　農文協・編集　高岡洋介・イラスト(農山漁村文化協会)

・『うかたま　2016年10月号(vol.44)』「これ、台所でつくれます」(農山漁村文化協会)

・『梅ぢから—びん干し梅干しから梅酢みそまで』藤清光、中山美鈴・著(農山漁村文化協会)

・『杵島さんちの梅しごとと保存食』杵島直美・著(泉書房)

・『誰でもできる手づくり酢』永田十蔵・著(農山漁村文化協会)

・『酢の絵本 (つくってあそぼう)』柳田藤治・編集　山福朱実・イラスト(農山漁村文化協会)

・『農家が教える続・発酵食の知恵』農文協・編集(農山漁村文化協会)

・『楽しい生ごみ堆肥づくり　講習会テキスト』(江戸川区生ごみ堆肥化実践クラブ)
https://ikigomi-club.jimdofree.com/

・『夏休み!　発酵菌ですぐできる おいしい自由研究』小倉ヒラク文・絵(あかね書房)

・『銭湯: ボクが見つけた至福の空間 (NHK趣味どきっ!)』近藤和幸、今井健太郎、今田耕太郎、早坂信哉、鄭忠和、上岡洋晴・著(NHK出版)

・米のとぎ汁EM乳酸菌 環境学習プログラム　http://www.space-park.jp/learning/t-kit/02/prog_b.pdf

・メシ通【納豆を自作して「無限納豆」生活にチャレンジしてみた】(ferment books)
https://www.hotpepper.jp/mesitsu/entry/oishiisekai/2020-00335

・メシ通【アノ豆があれば自宅で「豆板醤」が作れてしまう】(ferment books)
https://www.hotpepper.jp/mesitsu/entry/oishiisekai/2020-00305

・メシ通【乳酸発酵自作レシピ】(ferment books)
https://www.hotpepper.jp/mesitsu/entry/oishiisekai/2020-00227

イラスト・文　**おのみさ**

麹料理研究家、イラストレーター。1968年東京生まれ。みそづくりをきっかけに、麹を使った料理に目覚め、2010年に『からだに「いいこと」たくさん 麹のレシピ』(池田書店)を発行。塩麹ブームの火付け役となる。近年は東京の下町に転居し、日々、麹だけにとどまらず、発酵食や堆肥づくりなどにも興味をもち発酵ライフにいそしむ。近著に『ゆる菌活』、共著に『発酵はおいしい』(ともにパイ インターナショナル)、『発酵の力でおいしい毎日　麹のレシピ』(池田書店)などがある。

装丁・デザイン　新上ヒロシ(ナルティス)
写真　間部百合
写真(スナップ)　おのみさ
編集　宇川静(山と溪谷社)

発酵来福レシピ　90のおいしい料理と暮らしの知恵

2021年11月20日　初版第1刷発行

著　者　　おのみさ

発行人　　川崎深雪

発行所　　株式会社山と溪谷社
〒101-0051　東京都千代田区神田神保町1丁目105番地
https//www.yamakei.co.jp/

印刷・製本 株式会社シナノ

◎乱丁・落丁のお問合せ先
山と溪谷社自動応答サービス　TEL.03-6837-5018
受付時間／10:00-12:00、13:00-17:30(土日、祝日を除く)

◎内容に関するお問合せ先
山と溪谷社　TEL.03-6744-1900(代表)

◎書店・取次様からのご注文先
山と溪谷社受注センター
TEL.048-458-3455　FAX.048-421-0513

◎書店・取次様からの注文以外のお問合せ先
eigyo@yamakei.co.jp

Printed in Japan
ISBN978-4-635-45054-6